実践！フィードバック

はじめてのリーダーのための

耳の痛いことを伝えて
部下と職場を立て直す
「全技術」

中原 淳
立教大学 経営学部 教授

FEED BACK

PHP

はじめに
～フィードバックに満ちた「人が育つ職場」を取り戻すために～

「若手がなかなか育ってくれない」
「『年上の部下』に強く指導できずに困っている」
「そもそも、部下を指導している時間がない……」

現代のマネジャーは、かつてないほど部下育成が困難な環境にある。

私（中原淳）は東京大学（執筆当時）で企業・組織における人材育成・リーダーシップ開発を研究しています。これまで長年、多くの企業のマネジャー・リーダーの育成に関わってきましたが、今ほど「部下が育たない」ことにマネジャーの方々が悩んでいる時代はありません。

上からは「部下を育てろ」と言われるけれども、若手社員はこちらのアドバイスをちゃんと聞いているのかどうかわからず、最後にはいつも同じミスを繰り返す。いわゆる「年上の部下」になった元部長は、いつもスタンドプレーで取引先の顰蹙を買っているが、なかなか強く指導できていない。と思えば、時短勤務や派遣社員など、さまざまな就業形態の社員にも適宜対応しなければならない。結局、部下の仕事を引き取って自分の仕事は山積みになっていく……。

このように業務が多忙化し、メンバーの育成・指導に困難を抱えているマネジャーの現状にともない、近年注目されてきているのが、本書でご紹介する人材育成法 **「フィードバック」** です[1]。

---

[1] 正しく言うと、フィードバックの研究の歴史は長いのですが、日本では十分広まっていません。Ashford, S.J. and Cummings, L.L. (1983) "Feedback as an individual resource: Personal strategies of creating information" *Organizational Behavior and Human Performance*, Vol.32(3), pp.370-398

003

フィードバックとは、端的に言えば **「耳の痛いことであっても、部下の仕事の現状をしっかり伝えて、将来の行動指針をつくること」** を指します。

具体的には、

> **1．情報通知**
> 　たとえ耳の痛いことであっても、部下の行動やパフォーマンス等に対して情報や結果をちゃんと通知すること
> **2．立て直し**
> 　部下が自己のパフォーマンス等を認識し、自らの業務や行動を振り返り、今後の行動計画を立てる支援を行うこと

以上、2つの働きかけを通して、成果のあがらない部下や問題行動の多い部下を成長させていく方法です。

今フィードバックのような部下育成法が求められている理由には、冒頭で述べたような状況も含めて、さまざまな理由がありますが、簡潔に述べると、下記の5つになります。

1．経験の浅い部下やいわゆる「年上部下」をどう育成・指導すべきか、という悩みを、近年多くの企業の現場が抱えている。
2．人材や雇用体系が多様化したことで、職場のメンバーの多様性が増し、昔に比べて指導が一筋縄ではいかなくなっている。
3．ハラスメントに対する意識が高まった結果、部下を傷つけたくないあまりに、上司が部下に何も言わなくなってしまった。
4．コーチングなどの部下の気づきを優先する部下育成法の普及によって、言うべきことをしっかり言うという文化が消えてしまった。
5．外資系や先進企業を中心に、上司と部下が日々の業務の中で定期的に面談を行うという人事施策が導入されるようになってきた。

もともと「フィードバック」は海外では一般的な言葉でしたが、これまで日本ではあまり注目されてきませんでした。しかし、以上のような背景から、近年、この考え方がにわかに注目されています。

先に述べたように、私は「人材開発」を専門にしている研究者ですが、それと同時に、十数名の研究スタッフを率いるマネジャーでもあります。部下育成に悩む多忙なすべてのマネジャーのために、そして他ならぬ私自身のためにこの「フィードバック」について広く伝えたい……そのような思いから、「フィードバック」の技術について、一から丁寧に解説した『フィードバック入門』（PHPビジネス新書）を2017年2月に上梓しました。

おかげさまで『フィードバック入門』については発刊後、さまざまな反響をいただきました。フィードバックという概念・手法が多くの人に広がったことを嬉しく思う一方で、読者の方の多くが「管理職経験の豊富なベテランマネジャー」「もともと人材育成に関心の高い人」などに限られてしまっているのではないか、とも感じていました。

私はこのフィードバックという「文化」を、今以上に広げたいと思っています。そのためには、**「はじめて部下を持った人・はじめてマネジャーになった人」「今まで部下育成について何も経験のない人」でも使えるフィードバックの本**を出す必要があると思い、新たな読者層に向けて本書『はじめてのリーダーのための実践！ フィードバック』を執筆しました。『フィードバック入門』との違いは、以下の通りです。

1. イラストや図を豊富に入れ、フィードバックのポイントを直感的に理解できるようにしました。
2. フィードバック時のフレーズや会話例を多数入れ、実際にフィードバックを行うときに参考にしやすいようにしました。

3.『フィードバック入門』発刊後に新しく得たフィードバックの知見を収録しました。

4. 実際に企業で活躍する3名の若手マネジャーの方々のフィードバック事例を収録しました。

5. 専門用語などは極力排し、参考文献なども最小限におさえました。

　基本的には最新の学術知見に基づきつつも、わかりやすい内容にしたつもりです。『フィードバック入門』をすでに読んでいる読者の方にも、続編としてお読みいただける内容に仕上がっていると思います。

　また、本書をはじめて読んで、フィードバックに興味を持たれた方や現代のマネジャーが置かれている背景などを知りたいと思われた方には、ぜひ『フィードバック入門』をあわせて読んでいただきたいと思っています。

　さらに深くフィードバックの知識・文献などについて学びたい、という方は、人材育成の最新の知見を詰め込んだ『人材開発研究大全』（東京大学出版会）を読んでいただければ、より奥深い人材開発の世界に触れられると思います。

　また、幸いにも本書をお読みいただいて「フィードバックの方法論を自分の会社・部署にも導入したい！」と思われた方のために、このたびフィードバックについてのマネジャー向け研修プログラム、そして DVD 教材を監修させていただきました。こちらについては、ご興味のある方は書籍帯部分に記載のアドレスより詳細をご覧ください。

　先にも述べましたが、**私はこの「フィードバック文化」をより広げていきたいと考えています**。今は企業内教育の中の概念の一つにとどまっていますが、ゆくゆくは学校教育や、家庭やプライベートな人間関係に至るまで役立つ、これからの社会に必須のスキルとなるのではないかと考えています。

　その第一歩として、言いにくいことでもきちんと伝えられるコミュニケーション技術を多くのマネジャーの方々に身につけてもらって、フィード

バックに満ちた「人が育つ職場」を増やしていきたい。周囲に部下指導で悩んでいる人がいたら、この本を手渡してほしい。そう考えています。

　また、これは本書の中でも述べていることですが、**フィードバックの良き伝え手になるためには、自らも正しく他人からのフィードバックを受ける必要があります**。人生100年時代と言われ、それに合わせて仕事人生も長期化する中で、本書をきっかけにフィードバックのスキルを身につけ、自らもフィードバックの良き受け手となって、正しく力強く仕事人生を送っていける人が増えることを願っています。

　良きフィードバックを受け、
　良きフィードバックの与え手たれ！
　心より自戒を込めて。

　　　　　　　　　　　　　　　　　　　　　　　　　　中原　　淳

Contents

はじめてのリーダーのための
実践！フィードバック
耳の痛いことを伝えて部下と職場を立て直す「全技術」

はじめに ……………………………………………………………………… 003

第1章 フィードバックの理論と部下育成の基礎知識

そもそも「フィードバック」って何？ ……………………………………… 014
> 耳の痛いことを伝える＋部下の行動を立て直す

フィードバックが注目される理由①
人が勝手に育つ環境の崩壊 ……………………………………………… 018
> 昔の上司は、部下育成のうえで、とても恵まれた環境にいた

フィードバックが注目される理由②
「コーチング」の限界 ……………………………………………………… 022
> 気づかせるだけでは人は育たない。きちんと教えることも必要

フィードバックが注目される理由③
年上部下、年下上司の増加 ……………………………………………… 025
> 相手をリスペクトしながら、厳しい指摘をする技術が必要

部下育成の理論から見てもフィードバックは合理的 …………………… 028
> 「経験軸」と「ピープル軸」の両面を満たす部下育成法

フィードバックを阻む3つの壁
——代表的な部下育成の問題点 ………………………………………… 032
> 人材の多様化、パワハラ問題、マネジャーの多忙化

第2章 フィードバックの基本モデル 5ステップで実践するフィードバック

フィードバックの基本的な進め方とは? ……… 042
> 基本の5ステップ

【事前準備編】フィードバック前の情報収集 ……… 044
> SBI情報を集めなければ、的確なフィードバックはできない

【実践編】

ステップ1 スタートの数分間で成否は決まる ……… 049
> フィードバック開始前のルール

ステップ2 鏡のように事実を伝える ……… 052
> 上司の主観を交えるから、部下は素直に聞けなくなる

ステップ3 相手に問題点を腹落ちさせる ……… 055
> 対話をして、現状と目標のギャップを認識してもらう

ステップ4 部下の立て直しをサポートする ……… 059
> 「これからどうするか」を本人に決めてもらう

ステップ5 今後の期待をしっかりと述べる ……… 062
> 部下の「やればできる」という気持ちを高める

【事後フォロー編】事後のフォローも忘れない ……… 064
> 行動改善がうまくいったかチェックを繰り返す

ポイント1 フィードバックは「即時」「移行期」にこそ行う ……… 066
> 適切なタイミングが、効果を高める

ポイント2 フィードバックの内容は記録する ……… 068
> 備忘録程度で良いので、メモしておこう

ポイント3 オンラインでのフィードバックはアリか? ……… 070
> メールはNG。テレビ電話ならOK

Contents

第3章 フレーズとセリフで学ぶ
フィードバックのポイント

BAD 上がそう言うから、仕方なく言うよ ……………………………………… 074
> 上司や人事のせいにして逃げてはいけない

GOOD 時間をかけて今後のために話し合おう ……………………………… 077
> 「君の行動を改善するために、とことん付き合う」という覚悟を見せる

BAD 君って○○的で、○○性が足りないよね …………………………… 079
> 抽象的なフィードバックに要注意

GOOD 今の君は○○のように見えるんだけど、どう思う? ……………… 082
> 一方的に決めつけるような言い方をしない

BAD あれもそうだし、ほらこの前のあれも…… ………………………… 085
> あれこれ指摘するのは、逆効果かも?

GOOD そうか、○○というふうに考えているんだね。でもね…… ……… 088
> 話を徹底的に聞いたら、リピートしたうえで切り返す

GOOD どうすれば○○せずに済むだろう? ………………………………… 092
> 立て直し策は部下に考えてもらう

BAD でも、よくやっていると思うよ、君も ……………………………… 095
> 耳の痛いことを言った後で無駄にほめない

GOOD ちょっと、場所を変えようか …………………………………………… 098
> 膠着状態に陥ったら、環境を変えるのも一つの手

GOOD ○○のときの××な行動が、△△の面で良かったと思う ………… 100
> ポジティブフィードバックも、客観的に伝えよう

■ **若手マネジャーフィードバック①** ……………………………………… 102

第4章 会話例で学ぶ 部下のタイプ別フィードバック

すぐに激昂してしまう「逆ギレ」部下 ……………………… 112
> 「○○さんはどう思っているのかな?」と相手の話を聞ききる

上から目線で返してくる「逆フィードバック」タイプ ……… 118
> 上司目線だとこのように見える、ということを伝える

自分に都合良く解釈して「まるっとまとめちゃう」部下 …… 122
> 「それってどういうことなの?」とまとめた内容についてたずね返す

何を言っても「大丈夫」で返す「ポジティブに逃げる」タイプ … 126
> 「大丈夫?」と聞かずに、オープンクエスチョンでたずねる

隙あらば別の話題にすり替える「現実逃避」タイプ ………… 130
> すり替えに惑わされずに、何度でも根気強く話を元に戻す

責任逃れの弁明ばかり並べる「言い訳」部下 ……………… 134
> 「何かないか」と聞き、対処法を自分で言わせる

どんなアドバイスも受け流す「聞く耳を持たない」部下 …… 140
> 反論できない事実を集めて、それを元にフィードバックする

自分の意見を言おうとしない「お地蔵様」部下 …………… 144
> 「○○のように見えるけど、どう思う?」と客観的なイメージを聞く

過去にすがって変わらない「ノスタルジー」部下 …………… 148
> 「立場上言わなければならない」と前置きしてから、ストレートに言う

リスクを恐れて挑戦しない「消極的」な部下 ……………… 152
> 「このままだと将来が危ない」ことを伝える。ただ相手の言い分も聞く

■ 若手マネジャーフィードバック② ……………………… 156

Contents

第5章 フィードバックを続けるための
事前準備&テクニック

たった15分の「1on1」でフィードバックが変わる ……… 164
> 頻度の高いミニ面談で、SBI情報を集める

職場の問題も「1on1」で未然に防げる ……… 166
> メンバー同士のトラブルや、メンタル不調の兆候などに気づける

部下の話を引き出す「1on1」の進め方とは ……… 169
> 部下との話し方・部下の話の聞き方のポイント

忙しいマネジャーは「朝の声かけ」を習慣に ……… 172
> 一声かけるだけでも、さまざまな情報が集まる

「トライアンギュレーション」で情報の裏をとる ……… 174
> 良くない噂を聞いたら、他の人にも確かめる

フィードバック前には「脳内予行演習」 ……… 176
> フィードバックも「イメトレ」が大事

「模擬フィードバック演習」で自分自身を客観視する ……… 180
> 自分のフィードバックを見ることが上達への近道

「アシミレーション」で、フィードバックの痛みを知る ……… 184
> フィードバックを受けないと、良いフィードバックはできない

フィードバックする人数は5〜7人まで ……… 188
> 10人以上抱えると、上司が壊れる

「嫌われるのも仕方がない」という覚悟を持とう ……… 190
> 耳の痛いことを言って嫌われるのは、管理職の役割だ

管理職同士で「解毒」する場を持とう ……… 192
> マネジャーだって、ため込まずに吐き出す場は必要だ

フィードバックの「期限」も知っておこう ……… 194
> 「外科的手術」しかないときもある

■若手マネジャーフィードバック③ ……… 196

第1章

フィードバックの理論と
部下育成の基礎知識

そもそも 「フィードバック」って何?

> ▶ 耳の痛いことを伝える+部下の行動を立て直す

「フィードバックってよく聞くけど、ちゃんとした意味を知らないな」「フィードバックって、なんか嫌なイメージしかない……」——そんな不安を解消するため、まずは本書のフィードバックの定義からお話しします。

フ フィードバックとは、「ティーチング+コーチング」

皆さんは、「フィードバック」について、どんなイメージを持たれているでしょうか。「期末の面談で、評価結果を通知されること」。このようなイメージを持っている人が多いかもしれませんが、本書でご紹介するフィードバックは、もう少し広い概念を指しています。

フィードバックとは、端的に言えば、**「耳の痛いことを含めて、部下の現在の仕事の様子・状況をしっかりと伝え、彼らの成長を立て直すこと」**です。伸び悩んでいる部下には「耳の痛いこと」を、業績を伸ばしていたり努力している部下には「成果を残せていること」をしっかり通知します。

フィードバックは、次の2つの働きかけを通して、問題を抱えた部下や、能力・成果のあがらない部下を成長させることを目指します。

まず、1つ目は**「情報通知」**です。あなたの部下の中には、成果を残すことに課題を持っている方もいらっしゃるのかもしれません。そのような部下には、たとえ「耳の痛いこと」であっても、パフォーマンス等に対して情報や結果をちゃんと通知することです。そのことが部下や職場の立て直しに有効であることは多くの研究から支持されています[2]。フィードバ

フィードバック ＝ 耳の痛いことであっても、部下に現状をしっかり伝えて（＝情報通知）将来の行動指針をつくること（＝立て直し）

① 情報通知

たとえ耳の痛いことであっても、部下の行動や成果に対して情報・結果を通知すること。

② 立て直し

部下自身に業務や行動を振り返らせて、今後の行動計画を立てる支援を行うこと。

→ フィードバックはティーチング＋コーチング

---

*2 Raver, J.L., Jensen, J.M., Lee, J. and O'Reilly, J. (2012) "Destructive Criticism Revisited: Appraisals, Task Outcomes, and the Moderating Role of Competitiveness" *Applied Psychology: An International Review*, Vol.61 (2), pp.177-203
Ashford, S.J., Blatt, R. and VandeWalle, D. (2003) "Reflections on the Looking Glass: A Review of Research on Feedback-Seeking Behavior in Organizations" *Journal of Management*, Vol.29(6), pp.773-799

第1章　フィードバックの理論と部下育成の基礎知識

ックの第1要素「情報通知」は、部下が現状を把握し、現実と向き合うことを支援します。

2つ目は、**「立て直し」**です。情報を通知しただけでは、部下は成果をあげられるようにはなりません。そこには上司による客観的なアドバイスや支援が必要です。フィードバックの第2要素である「立て直し」は、部下が自己のパフォーマンス等を認識し、自らの業務や行動を振り返り、今後の行動計画を立てる支援を行うことです。

この後で詳しく説明しますが、第1要素の「情報通知」は、どちらかというと一方向的に情報を伝える「ティーチング」という部下育成の手法に近いものがあります。第2要素の「立て直し」は、相手の振り返りを促す「コーチング」に近いものがあります。

要するに、フィードバックは**「ティーチング」と「コーチング」の両方をあわせ持った、より包括的で画期的な部下育成の手法**というわけなのです。

フ ィードバックとは、ロケットのようなもの

……と、ここまで用語的な解説をしてきましたが、私はフィードバックは「ロケットのようなもの」だと考えています。実は、打ち上げ後のロケットというものは、常にまっすぐ飛べているわけではなく、風や空気の抵抗を受けながら傾いてしまうのだそうです。その傾きの角度を正しく把握し、調整を行っているので、あたかもまっすぐ飛んでいるかのように見えるのだそうです。

まさにこれがフィードバックなのです。**上司であるあなたは、部下が正しくまっすぐ飛んでいくために、常に角度を見て、調整をし続ける必要があるのです**。

いつかは部下に「自律」してもらわなければいけないにしても、その前にはどんな人でも「他律」の時期が必要です。人は「他律」を通して「自律」を獲得します。部下を自律させるために、耳の痛いことをしっかりと

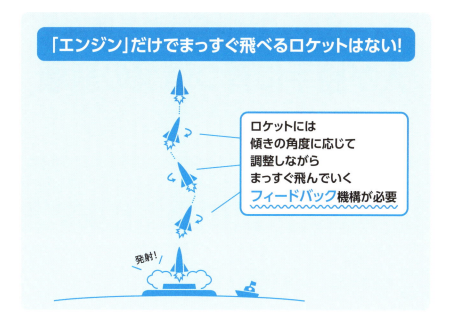

伝えて、その成長に付き合うことは、間違いなくマネジャーであるあなたの仕事なのです。

> **まとめ**
> ・フィードバックとは、「耳の痛いことを含めて、部下の現状に関する情報をしっかり伝えて、部下の成長を立て直す」こと
> ・フィードバックは「情報通知＋立て直し」の2つの要素からなる
> ・フィードバックとは、部下が「正しい方向にまっすぐ飛ぶこと＝成果をあげること」を支援する技術

フィードバックが注目される理由①
人が勝手に育つ環境の崩壊

> ▶ 昔の上司は、部下育成のうえで、とても恵まれた環境にいた

なぜ今、フィードバックが注目を集めているのでしょうか。それには、いくつかの理由があります。まず1つ目の理由は、昔の日本企業に備わっていた「部下が勝手に育つ環境」が失われてしまった、ということです。

昔 の上司は部下を育てていたのか?

　近年、フィードバックという部下育成の手法は、現場のマネジャーたちから大きく注目されるようになりました。その理由はいくつかあります。一つは、「部下が勝手に育つ環境」が失われてしまったからです。

　「職場で人が育たなくなった」「最近の上司は部下を育てるのが下手」。このように言われるようになったのは、1990年代頃からです。では、その前は部下を育てるのが上手な人ばかりだったのでしょうか。実は、そういうわけでもありません。というのも、90年代より前は、**部下が勝手に育つ条件が整っていた**という説が有力だからです。

　ここで注目したいキーワードは、**「長期雇用」「年功序列」「タイトな職場関係」**です。長期雇用、年功序列については皆さんもよくご存じでしょう。伝統的な日本企業は、従業員を定年まで雇用し、年齢とともに給与・待遇をあげていくことを良しとする人事制度を、これまで敷いていました。

　3つ目のタイトな職場関係とは、上司と部下が長時間にわたって、同じ空間で行動をともにすることを意味します。かつては連日の残業や、週休1日制も当たり前でした。アフター5も一緒に飲みに行き、休日もレジャーをともにし、同じ社宅に住む人も多いという環境でしたから、自然と長

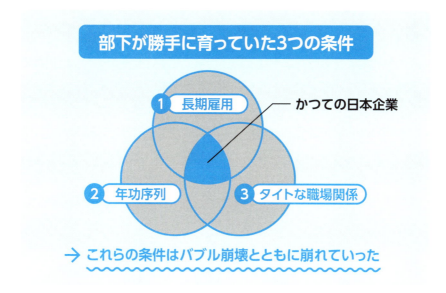

い時間を会社の人たちと共有していました。

長期雇用・年功序列・タイトな職場関係が揃えば、勝手に育つ

　実は、「長期雇用」「年功序列」「タイトな職場関係」の3つの要素が揃うと、部下は勝手に育つ可能性が高まります。

　第1に、「長期雇用」だと、すぐに結果が出なくても長い目で見てもらえます。人が大きく育つときというのは、「成功体験」をしたときよりも、「大きな失敗」をしたときなのです。長期雇用なら、それが許されます。だから、若い社員は失敗を恐れず何度も学ぶ機会を得られました。今の時代、なかなかそういう会社は多くありません。

　第2に、「年功序列」だと、上司や先輩を見れば自分の数年後、数十年後の仕事の様子が、自然とわかります。定年までの道筋が一定で単純なので、部下から見て、上司や先輩は「自分の将来像」を示すロールモデルとして機能するのです。彼らの待遇や給与が高ければ、それに魅力を感じる人も少なくなかったでしょう。年功序列賃金は、このように長期にわたって一つの会社で仕事をし続けるモチベーションを、社員に提供していまし

た。

第3に、「タイトな職場関係」だと、上司や先輩が部下と職場で長い時間を一緒に過ごすので、部下は上司や先輩の仕事ぶりをじっくりと観察できます。また、上司や先輩の方も、若手社員のことを長時間見ていたので、特に意識しなくても、改善すべき点を的確に指摘できました。

今の多くの企業では皆が皆忙しく、上司も部下も昔ほどに時間的にも精神的にも余裕がありません。そのような状態では、たまに指導の時間をとってもトンチンカンな指摘ばかり……という職場も少なくないでしょう。

失敗がある程度許され、自分が何をすべきかも明確で、何か間違ったことをしていても上司がすぐに指摘・改善してくれる──このような環境が揃っていれば、職場に放り込みさえすれば、人が勝手に育っていくのも納得でしょう。その様子を、当時の人々は「OJT（On the Job Training）がうまくいった」と表現していたのです。

バ ブル崩壊で、勝手に育つ条件が崩壊……

ところが、バブル崩壊によって、多くの企業に余裕がなくなり、早期退職制度などのリストラによって「長期雇用」が崩れました。また、組織を活性化するため、若手の大胆な抜擢が行われるようになり、「年功序列」も崩れていきました。長期雇用が崩れて、転職が当たり前になったことで、「この会社の人に、必要以上に気を遣うことはない」と考える人々が増え、残業やアフター５のノミニケーションを嫌がる傾向が出てきました。こうして「タイトな職場関係」も崩壊していきました。

以上の経緯から、**近年は若手社員が勝手に育つ「３つの条件」が失われてしまったのです**。職場に放り込んでも、部下はおのずと育つようにはならない、という状況が生まれました。逆に言うと、かなり意図的に育てようとしなければ、部下は育たないのです。部下育成には「意志」が必要なのです。

もし、本書の読者の方で「自分は部下を育てるのが下手だ」と思い悩んでいる方がいたとしたら、そんなことで思い悩むことはありません。なぜ

なら、昔の上司は非常に恵まれていただけなのです。今は、優秀なマネジャーでも、部下を育てるのに四苦八苦せざるを得ない時代なのです。だからこそ、ここは冷静になってそれに備えましょう。マネジャーに昇格する前に、しっかりとした部下育成のスキルや技術を持つ準備を進めればいいのです。

> **まとめ**
> - 「長期雇用」「年功序列」「タイトな職場関係」で、昔は若手社員が勝手に育っていた
> - 現在はその3つの条件が崩れたので、部下育成が極端に難しい時代になってしまった

フィードバックが注目される理由②
「コーチング」の限界

▶ 気づかせるだけでは人は育たない。きちんと教えることも必要

90年代以降、部下を育てる能力が強く求められるようになり、多くのマネジャーたちが学んだのは「コーチング」でした。ところが、最近では「コーチングだけではうまくいかない」というケースが増えているのです。

2 000年代後半、華々しく導入されたコーチング

これまで述べた通り、人が勝手に育つ環境が失われたことで、マネジャーたちは、自らの手で部下を育てるスキルを持つ必要に迫られました。ビジネス書やセミナーなどで学ぶ人が増える一方で、2000年代後半には、企業側も管理職研修の強化や管理職の支援に乗り出してきました。

その頃、管理職研修に華々しく導入されたのが、**「コーチング」** です。

コーチングは、一言で言えば、**「問いかけによって他者の目的達成を支援する技術」** のことです。上司からの問いかけによって、部下に、自分の現状と目指すべきゴールのギャップについて振り返ってもらいます。そして、そのギャップを埋めるために何をすべきか、上司が一方的に答えを与えるのではなく、部下の話に耳を傾けながら、部下の中にある答えを引き出していくという手法です。

コーチングが導入される前の現場指導と言えば、上司が部下に一方向的に教える **「ティーチング」** が主流でした。そんな中、コーチングのような「自分の力で気づかせる手法」が出てきたこと自体は、まったく悪いことではありません。一方的に教えられるだけでは、効果的な部下育成はできないからです。コーチングは、上手に活用すれば、非常にパワフルな威力

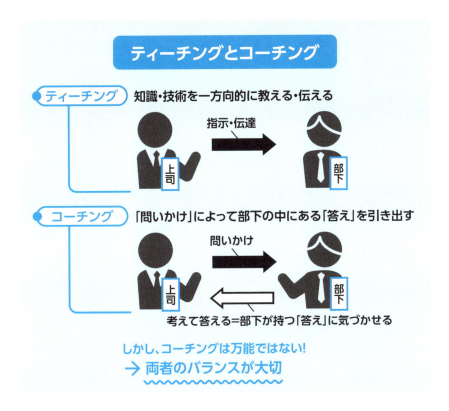

を発揮します。

言 いいたいことを言ってはいけない、という誤った認識

　ただ、コーチングは、その紹介のされ方・広まり方に問題がありました。華々しく登場したせいか、「コーチングこそ部下育成の手法として素晴らしく、ティーチングは時代遅れの部下育成法である」といった極端な二項対立が喧伝され、間違ったイメージが広まってしまったのです。その結果、

「コーチング（気づかせること）は良いことで、ティーチング（指摘することや教えること）は悪いこと」
「部下が語ることは良いことで、上司がしゃべることはダメなこと」
「上司は部下に教えてはいけない。情報提供をしてはいけない」

といった具合に、間違った「コーチング神話」「気づき神話」が広まってしまったのです。それによって、「教えない上司」「言わない上司」が増え、むやみやたらに「気づかせようとする上司」が増えていきました。冷静になって少し考えれば、このように偏った方法ではうまくいかないことは誰にでもわかります。

結論から言えば、**部下育成はケースによって、ティーチングの方が良い場合もあれば、コーチングの方が良い場合もあります**。

たとえば、業務経験がまったくない新人に対して、「君はどうすればいいと思う？」などとコーチングの手法を用いて問いかけても、本人の中に基準が何もなければ答えようがないでしょう。この場合は、やはりティーチングをすることが重要です。また、相手がベテランでも、自分の過ちにまったく気づいていないようなら、上司がはっきりと言わなければならないことを言わなければなりません。

2000年代後半に間違った「コーチング神話」が広まった結果、部下は必要なことを教えてもらえず、内心困っている一方で、上司も研修で身につけたコーチングを導入しても部下が育たないので何をしていいのかますます混乱してしまう……といった状況が職場で起こり始めたのです。

このような中で、「やはり、上司はきちんと部下に言わなければならないときもあるのでは？　そういうとき、どうしたらいいんだ？」と考えるマネジャーが増えてきました。以上のような流れで、本書のテーマである「フィードバック」が注目を集めるようになったのです。

まとめ

・部下育成が難しくなった結果、流行したのがコーチング
・偏ったコーチングブームの結果、ティーチングは悪いことだという風潮ができてしまった

フィードバックが注目される理由③
年上部下、年下上司の増加

> ▶ 相手をリスペクトしながら、厳しい指摘をする技術が必要

かつての上司や先輩が、なんと自分の部下に。そうした人たちに厳しいことが言えない……。昨今、そんな若いマネジャーが急増しているといいます。年上部下に、年下マネジャーのセットの増加。これもまた、フィードバックが注目されるようになった背景の一つです。

元 上司に、厳しいフィードバックができるか

　フィードバックが注目されるようになった背景には、年功序列の崩壊、マネジャーの若年化、さらには役職定年制度の徹底により、職場の中に**「年上の部下に強く言えない年下の上司」**というケースが増えてきたという事情があります。

　企業にもよりますが、年功序列が崩れたことで、近年は、若くしてマネジャーになる人が増えてきました。大企業でも早いところでは30代でマネジャーに昇進しますし、ITベンチャーに至っては、20代で課長相当、30代で部長相当の役職につくこともあるようです。その結果、部下が年上であるというケースが珍しくなくなってきました。

　しかも、中途入社してきた人が部下になるなら、比較的やりにくさは少ないかもしれませんが、実際には、かつての上司や先輩が部下になるケースも増えています。さらに、最近は、一定の年齢に達したら役職を降りる「役職定年」や、「定年退職者の再雇用」などによって、55〜65歳くらいの年配の元部長や元次長が肩書きのない一般社員に戻るケースが増えており、そんな人が部下になることもあります。

第1章　フィードバックの理論と部下育成の基礎知識

025

そんな海千山千の彼らに、10歳も20歳も年下のマネジャーが対峙するとなると、簡単なことではありません。どれだけ有能なマネジャーでも、元部長などに対して、「ココは直した方が良いのではないか」と苦言を呈すようなことは、伝統的な日本企業ではなかなか難しいでしょう。

　また、年上の部下の中でも、「働かないおじさん」が部下になったとき、さらに事態は悪化します。まったく働く気がなく、定年までなんとかしがみつこうという中年社員を「働かないおじさん」と呼びますが、何もしない人を雇うような余裕のある会社は、今やほとんどありません。マネジャーはなんとしても彼らに働いてもらうよう、さまざまに手を尽くさなくてはならないのですが、たいていの場合「働かないおじさん」は社内事情に通じており、ましてや元部長・元課長ともなれば、それなりのプライドもありますので、そうした人たちを動かすには、相当な労力が必要です。少し言ったら猛反撃を受け、心が折れてしまう人もいるようです。

　こうして、言いたいことが言えない、耳の痛いことをきちんと伝えられない、という「年上に意見できない症候群」が蔓延しているのです。

突 然マネジャーになる悲劇

　また、若いマネジャーが年上部下をうまく指導できない理由は、**準備期間がないままマネジャーに昇進しているということも関係しています**。

　かつてのピラミッド型組織の時代は、係長や課長補佐など、マネジャーの入門編のような役職がありました。この時期に、部下育成や業務評価などのマネジメントの一部を任されることが、一人前のマネジャーになる準備として、非常に役立っていました。ところが、90年代以降は、組織がフラット化したことで、入門編のような役職がなくなってしまいました。経験を積まないままマネジャーになり、部下にフィードバックなどをしなければならなくなってしまったのです。

　その結果、言いたいことがあっても、遠慮して口をつぐんでしまったり、言ったら言ったで失礼な言い方をして、相手を怒らせてしまうというケースが増えてきたのです。最悪の場合は、上司からのフィードバックをまっ

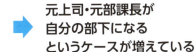
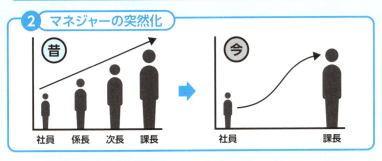

たく「拒否」する部下も出てくる始末です[*3]。

　しかし、元上司だろうがなんだろうが、部下にはきちんとフィードバックをして、行動を改善してもらう必要があります。そこで、「フィードバックの技術を学びたい」と考える人が増えたというわけです。

> **まとめ**
> ・「年上の部下」に相対するマネジャーが増えてきた
> ・マネジャー側も昔ほど十分に管理職としての経験が積めていない

[*3] フィードバックはやり方を間違うと、フィードバック拒否などの事態を招いてしまいます。
Argyris, C. (1991) "Teaching Smart People How to Learn" *Harvard Business Review, May-Jun 1991*, Vol.69 (3), pp.99-109

部下育成の理論から見ても フィードバックは合理的

▷ 「経験軸」と「ピープル軸」の両面を満たす部下育成法

> フィードバックは、部下育成の理論から見ても、理にかなった部下育成法です。部下育成の理論と聞くと、少し難しい話にも聞こえるかもしれませんが、なるべくシンプルに解説します。部下育成は「経験軸」と「ピープル軸」で決まります。これら2つの軸を頭に入れておくと、なぜ、フィードバックが重要かがより理解できます。

経 験軸とピープル軸とは何か?

　ここまでは組織や職場の変化の側面から、フィードバックという部下育成法が求められている、というお話をしてきましたが、ここでは少し別の視点——部下育成の理論の観点から、フィードバックの重要性を考えてみましょう。

　部下育成の理論とは何か?

　専門的にはさまざまな議論がありますが、ここでは、なるべく話をシンプルにして、最も押さえておいていただきたい2つの軸に絞って説明します。それは、**「人が育つには、『経験軸』と『ピープル軸』の両面が必要」**だということです。

　まず、**『経験軸』**とは、「部下を育てるためには、リアルな現場での業務経験が最も重要である」という考え方です。業務経験から学ぶことを「経験学習」と言いますが、どんなに洗練された教育プログラムがあったとしても、経験学習に勝る教育はありません。

　そして、部下を成長させるためには、現在の能力でできるレベルよりも

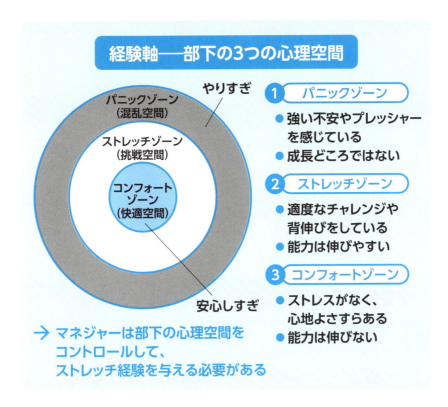

　少し高めの業務、少し背伸びをすればなんとかこなせる業務経験をさせることが大切です。失敗するリスクが高すぎる仕事だと、本来の能力を発揮できなくなるからです。この経験のことを**「ストレッチ経験（背伸びの経験）」**と呼びます。

　上司はこのストレッチ経験を部下に積ませるため、過度な負担を取り除いたり、反対に適切な挑戦を与えたりする必要があります。

　一方、**「ピープル軸」**とは、「人は職場の人たちからさまざまな関わり・支援を得られたときに成長する」という考え方です。職場におけるメンバー同士の関わりの量や人間関係の質が良いほど、人はさまざまな気づきによって成長するきっかけを得られます。

　私の研究によれば、職場で人が育つためには、3つの他者からの支援が

必要です。それは**「業務支援」「内省支援」「精神支援」**です。

　1つ目の「業務支援」とは、相手が持っていない専門知識やスキルなどを教える・助言することです。どちらかというと、一方向的に情報を伝えることです。

　2つ目の「内省支援」は、俯瞰的（ふかん）な視点や新たな視点など、客観的な意見を伝えて、本人の気づきを促すことです。

　3つ目の「精神支援」は、励ましたり、ほめたりすることで、部下の自己効力感や自尊心を高めることです。

　人が育つためには、これらの支援を上司や先輩などからバランス良く受けることが大切です。業務支援が足りないと、必要な業務知識が得られません。また、内省支援が足りないと、自分自身で内省することが十分に行われなくなります。そして、精神支援がないと、落ち込む状態が続くので、心を病んでしまう可能性があります[*4]。

フ　フィードバックによって、「経験軸」「ピープル軸」両面を満たす

　部下を育てるには、以上のような「経験軸」と「ピープル軸」の両面が必要なのですが、そのうえで重要な役割を果たすのがフィードバックです。

　まず「経験軸」から見ていきます。上司は部下にストレッチ経験を与えることが重要だと述べましたが、実は取り組んでいる本人はそれがストレッチ経験なのかどうか、判断できません。それを把握するためには、第三者からのフィードバックが必要になります。

　また、困難な目標に挑戦しているときには失敗から目を背けたくなるものですが、そうしたときに現実と向き合うためにも、他者の意見は欠かせません。たとえ耳の痛いことであっても、しっかりと現状を伝える――それがフィードバックです。

　次に「ピープル軸」から見ると、3つの要素のうち、「業務支援」はフィードバックの「情報通知」によって、「内省支援」と「精神支援」はフ

---

*4　中原淳（2010）『職場学習論』東京大学出版会

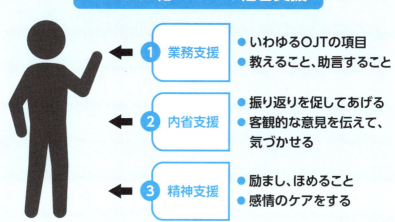

ィードバックの「立て直し」によって可能になります。つまり、フィードバック自体がピープル軸の要素を内包しているのです。

このように、フィードバックは、部下育成の基礎原理である「経験軸」や「ピープル軸」と密接な関係を持っている部下育成法なのです。

> **まとめ**
> ・部下育成の基本は「経験軸」＋「ピープル軸」
> ・フィードバックは、「経験軸」と「ピープル軸」の両面を満たす技術である

フィードバックを阻む3つの壁
──代表的な部下育成の問題点

> ▶ 人材の多様化、パワハラ問題、マネジャーの多忙化

新しい人材育成法であるフィードバックの前には、実は多くの壁が立ちはだかっています。ここでは、現在の職場の代表的な問題点について、フィードバックの具体的な手法を知る前に押さえておきましょう。

10 歳離れた若い部下の心がわからない

　ここまで、なぜ今フィードバックが必要なのか、そしてフィードバックの原理が部下指導の原理原則に則ったものであることをお話ししてきました。しかし、こうしたフィードバックの必要性はわかっているけれども、部下に十分なフィードバックができず悩んでいるというマネジャーは少なくありません。ここでは、効果的なフィードバックの前に立ちはだかる3つの壁について、少し触れておきましょう。

　効果的なフィードバックが阻まれる理由の一つは、「職場の人材が多様になり、フィードバックの難易度が高くなった」ことが挙げられます。「年上の部下に悩まされているマネジャーが多い」ことはすでに述べましたが、フィードバックが難しいのは、「年上の部下」だけではありません。
　意外と難しいのは、自分より10歳以上若い部下です。はじめて中間管理職に昇進すると、20代の若手社員が部下につくことになるかと思いますが、上司の立場で彼らと接してみると、思ったよりはるかにコミュニケーションがうまくいかないというマネジャーが多いのです。
　これは私自身も40代になってからひしひしと感じていることなのです

032

が、年齢の離れたスタッフの悩みを理解するのに時間がかかるのです。一般に人は熟達してしまうと、経験の浅いメンバーが「何がわからない」のか「わかりません」。どんなに同じ目線に立とうと思っても、「わからない」という感覚を忘れてしまっているのです。結局、同じ視点に立つことができず、何に悩んでいるのかがわからないのです。一般的には10歳離れると、視点や価値観はまったく違うと言われます。

中 途入社や外国人の部下は、価値観が異なる

また、中途入社の社員は、新卒入社の社員と違って、その会社の色に染められていないので、まったく違ったモノの考え方をする人もいます。人によっては、前職で培った仕事のやり方や仕事の信念を変えてもらわなければならない場合も出てきますが、一度体に染みついたことは、簡単には変えられません。本来ですと、過去に染みついてしまった仕事のやり方や信念のうち、今は通用しないものに関しては、**「アンラーニング (Unlearning: 学習棄却)」**をしてもらう必要があります[5]。

しかし、大人の「アンラーニング」は痛みをともないます。「痛み」をともなうことは当然避けられる傾向がありますので、簡単には過去の因習を捨て去ることができません。

加えて、グローバル化によって、外国人の部下を持つマネジャーも増えてきました。生まれ育った環境がまったく異なる外国人社員は、仕事に対する考え方や感覚が日本人と大きく異なる場合が多いので、フィードバックに関しても、彼らの考え方に合わせて行う必要があります。

このように、**現代のマネジャーは職場に生まれた「多様性」と格闘していくことを余儀なくされています**。さまざまな背景を持った人たちに合わせて対応するというのは、想像以上に疲れるものです。

---

[5] 中途採用社員の育成に関しては、下記に論考があります。
中原淳（2012）『経営学習論』東京大学出版会

昨今、ダイバーシティ（多様性）の重要性がしきりに叫ばれていますが、「言われなくても、毎日ダイバーシティと向き合ってヘトヘトだよ！」という方々も多いのではないでしょうか。育ちにくい若手やテコでも動かないシニア社員に囲まれて、「僕の日常は、強敵だらけのロールプレイングゲームですよ」と嘆いていたマネジャーの方もいらっしゃいました。

パ ワハラ上司に育てられながら、同じことをしてしまう……

　また、フィードバックができない理由には、昨今、パワハラやセクハラなどの**「ハラスメントに対する意識が職場で過剰に高まったこと」**も挙げられます。特に若手社員は、すごく敏感です。

　今の40代は、「精神論」や「根性論」を重んじるパワハラまがいの上司に育てられて、嫌な思いをしたことのある人が少なくありません。「自分は下の世代にそんなことをしたくない」と考えている人が比較的多いようですが、中には「自らが受けてきた部下指導」を意図的か否かにかかわらず「再生産」してしまう人もいます。かつて自分が上司から受けた「精神論」や「根性論」によるハラスメントまがいの部下指導を、無意識に自らも行ってしまうのです。

　その結果、知らないうちに人事に駆け込まれたり、**ソーシャルメディアに会社の悪評を書き込まれたり、携帯電話の録音機能で面談の様子を知らないうちに「録音」されたりして、窮地に立たされることも珍しくなくってきました**。特に最後の事例は、現代の会社では頻発しています。**すべての面談は録音されていることを前提に、内容がつつ抜けであると思った方が良いです**。

　マネジャーはこのような部下の気持ちを汲み取って、動かさなくてはならないわけですから、それは大変に決まっています。「部下を傷つけるかもしれないことを、どこまで言っていいのか」「耳の痛いことを言ったとき、どこまでなら問題にならないか」……。こうした懸念は、どの企業のマネジャーにも広がっています。下手に問題の火種をつくるよりは、何も言わない方が得策だと考える人が出てくるのも無理はありません。

フィードバックを阻む3つの壁

① 人材の多様化

② パワハラ問題

③ マネジャーの多忙化

第1章 フィードバックの理論と部下育成の基礎知識

プレイングマネジャーとして忙殺される毎日……

　最後にもう一つ、マネジャーが効果的なフィードバックを実現できない理由は、**「時間の余裕がない」** ということもあります。時間の余裕がない、とは少し抽象的な言い方かもしれません。効果的なフィードバックを行うためには「部下を観察すること（情報を収集すること）」が必須なのですが、観察を行っていないので、部下に突きつけるべき現実をマネジャーが把握していない、という事態が生まれているのです。

　マネジャーがプレイングマネジャー化（Playing manager：成果を求められつつマネジメントを行う人）して久しいと言われます。

　バブル崩壊以前は、プレイングマネジャーなどという言葉は、そもそも日本に存在していませんでした。ところが、今の中間管理職は、ほとんどが、自らも一プレーヤーとしての成績を求められるプレイングマネジャーです。生産性を上げるために、人員を限りなく削ることで、マネジャーもそうならざるを得なくなっているのです。

　2012年に、私の研究室（東京大学中原研究室）が、公益財団法人日本生産性本部と共同で行った調査によれば、社員300人以上の企業で、人事考課対象となる部下を持つマネジャーのうち、純粋にマネジメントに徹している「完全マネジャー」は517人中、わずか14人しかいませんでした[6]。517人中14人ですので、その割合は2.7%です。この本を読んでいる皆さんも、9割以上が、プレイングマネジャーでしょう。

　しかも、プレーヤーとしての比重はどんどん増す一方です。特に営業部などに至っては、部下の一般社員よりも、はるかに高い営業成績をあげているマネジャーもたくさんいます。こうなると、その役割はプレイングマネジャーというより「マネージングプレーヤー（Managing player：マネジメントの役割を担わされているプレーヤー）」と呼ぶ方が適切なくらいです。

---

[6]　新任マネジャーのための学術知見に基づいた教科書には下記の書籍があります。多くの企業で新任管理職のテキストとして用いられています。
中原淳（2014）『駆け出しマネジャーの成長論』中公新書ラクレ

しかし、一般社員と同じ業務量をこなしていれば、それだけで時間はあっという間に過ぎていきます。これでは、部下とじっくり向き合って育成することができないのも無理はありません。この後でお話ししますが、フィードバックをするには、その部下の情報を集めたり、面談をしたりすることが必要になります。部下育成は「観察」に始まり、「観察」に終わるのです。しかし、そんな時間などとっていられないというわけです。

デ フレスパイラルを起こす危険も

「中間管理職が成果を求められる」という現象は、別の問題も生み出しています。人材を育てられないために、**最初からできる部下に頼りきりになってしまうという問題**です。その結果、できない部下はヒマになる一方で、できる部下に仕事が集中するようになります。すると、できる部下とできない部下の実力差がどんどん開いていくので、何年経っても若い部下が育たず、一部のできる部下に頼りきるといった状況が続いてしまいます。

しかし、こんな状態が長続きするはずがありません。できる部下も、長年激務にさらされていれば、体調を崩して倒れたり、メンタルに不調をきたしたりしてしまいます。こうして、できる部下ほど疲弊してしまうという問題が起きているのです。

一方で、あまり仕事ができない部下もまた、やりがいある仕事を任せてもらえないことからモチベーションを失い、結果「こんな職場ではやっていられない」と辞めていってしまいます。すると、その人が担当していた仕事は他の誰かがやらねばなりません。その尻拭いをするのは、結局のところ、中間管理職であるマネジャーしかいません。

しかし、そんな尻拭いをしていれば、ますます人を育てる時間がなくなり、さらに尻拭いの仕事が増えるという、恐ろしいデフレスパイラルに陥ってしまいます。そうなれば、やがて中間管理職も疲弊し、倒れてしまうのがオチです。このような事態を招かないためには、フィードバックをしっかり行い、部下を着実に育てていくことが不可欠です。

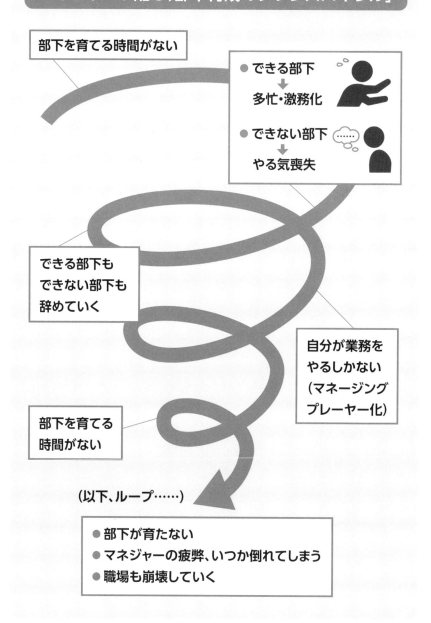

フィードバックの3つの壁を打ち破る！

ここまで、いろいろな話を読んできて、不安になっている方も多いかもしれません。でも、安心してください。本書は、そんな「フィードバックの壁」を解消し、フィードバックによって部下を育てられるようになることを目指しています。

まず、フィードバックの基本的な手順と注意点については、これまで部下育成の研修などを受けたことがない人でもすんなり理解できるよう、この後の第2章で丁寧に解説していきます。

その後、第3章と第4章では、実際のフレーズや会話例で、フィードバック中の話の進め方を学びます。ここでは、相手を傷つけすぎないように問題点をフィードバックする言い方や、さまざまなタイプの部下に対応できるフィードバックのパターンを予習しておきましょう。

そして、これもこの後に説明しますが、実はフィードバックでは「事前準備」がモノを言います。そこで、最後の第5章ではフィードバックが怖くなくなる、具体的な準備方法を紹介します。加えて、より現場レベルの悩みを解消できるよう、3名の若手マネジャーの方々に伺った実際のフィードバックの体験談を紹介します（第3章〜第5章の章末）。

以上のコンテンツを必要に応じて読んでいただくことで、「多様な部下に対処できない」「パワハラが怖い」「フィードバックする時間がない」といったフィードバックの壁への不安はなくなっていくはずです。それでは、まずフィードバックの具体的なやり方から、見ていくことにしましょう。

> **まとめ**
> ・人材の多様化で、現代のマネジャーはさまざまなタイプの部下に相対する必要がある
> ・その一方で、パワハラのプレッシャーから厳しいことが言えない
> ・そもそも、そうした指導を丁寧に行っている時間がない

第**2**章

フィードバックの基本モデル 5ステップで実践するフィードバック

フィードバックの基本的な進め方とは?

> ▶ 基本の5ステップ

「フィードバックって、要は厳しく言えばいいってこと?」「実際、フィードバックを始めるのは不安……」 —— そんな皆さんのために、第2章ではフィードバックの具体的なやり方についてお伝えしていくことにしましょう。

フ ィードバックする前から、フィードバックは始まっている!?

　フィードバックはパワフルな部下育成法ではありますが、そのやり方を間違ってしまうと、部下のパフォーマンスの向上にはつながりません。フィードバックが成功するかしないかは、フィードバックの受け手の心理状態に強く依存することが知られていますが、今までそれに関する学術知見に基づく書籍は日本にはほとんど存在していませんでした[7]。効果的なフィードバックをするためには、次のステップを踏むことをおすすめします。

【事前準備】 フィードバックをする前に情報収集を行う

【実践】 フィードバックをする

①信頼感の確保　～雑談等で、相手から信頼感を得る

②事実通知　～鏡のように情報を通知する

③問題行動の腹落とし　～対話を通して、現状と目標のギャップを明確にする

④振り返り支援　～真の原因を突き止め、未来の行動計画をつくる

⑤期待通知　～自己効力感を高める

【事後フォロー】 事後にフォローアップする

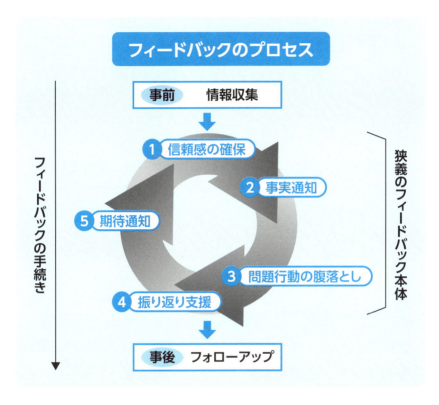

　これらのフィードバックのプロセスは、武道における基本的な「型」のようなものです。「実践」では、すべてがこのプロセス通りに進むわけではありませんが、基本として一度身につけておけば、さまざまに応用が利きます。また「型」としていったん習得してしまえば、自分なりにカスタマイズしたり、省略していただいても結構です。

> **まとめ**
> ・フィードバックを成功させるには5つのステップがある

---

*7　Ashford, S.J., Stobbeleir, K. D. and Nujella, M (2016) "To Seek or Not to Seek: Is That the Only Question? Recent Developments in Feedback-Seeking Literature" *Annual Review of Organizational Psychology and Organizational Behavior*, Vol.3, pp.213-239

【事前準備編】
フィードバック前の情報収集

> ▶ SBI情報を集めなければ、的確なフィードバックはできない

的はずれなフィードバックをされれば、部下はまともに話を聞いてはくれません。フィードバックには、事前の情報収集が欠かせません。「事前準備」なきフィードバックは、「的を絞らず銃を乱射」するようなものです。事前準備で把握したい情報は「SBI」のセットです。

S BI情報とは何か?

　効果的なフィードバックのためにまっさきに必要になることは、**「フィードバックの前に情報収集を行う」**ことです。情報収集を「観察」という概念で表すならば、「良きフィードバックは、良き観察から始まる」とまとめることができます。そして「良きリーダーシップもまた、良き観察から始まる」のです。

　経験の浅いマネジャーの中には、フィードバックということになると、いきなり部下をひっつかまえて、フィードバックをしてしまう人がいますが、ほとんどの場合、失敗します。なぜなら、部下に刺さるようなフィードバックをするためには、**「できるだけ具体的に、部下の問題行動を指摘すること」**が必要だからです。フィードバックは思いつきではできません。また、フィードバックはなんとなくもできません。そのためには事前にしっかりとした「観察」や「情報収集」を行うことが必須です。

　たとえば、あまり積極的に営業に向かわない部下に、「最近、主体性がないんじゃないか?」「もっと熱くなれよ!」などというフィードバックをする人がいますが、こんな曖昧模糊としたことをいくら言われても、相

SBI情報とは?

S = シチュエーション（Situation）

→ どのような状況で、どんな状況のときに……

B = ビヘイビア（Behavior）

→ 部下のどんな振る舞い・行動が……

I = インパクト（Impact）

→ どんな影響をもたらしたのか。
何がダメだったのか。何が良かったのか。

手の問題行動が良くなることはありません。部下からすれば、「主体性が
ない」とか「熱くなっていない」とか曖昧なことを言われても、何を改善
して良いかわからないのです。自分のどの行動がどう問題なのかが具体的
に見えず、何を改善すべきなのかがまったくわからないからです。かえっ
て上司への反感が増すだけです。

　部下に納得してもらうためには、問題のある行動を「具体的な行動」に
かみ砕いて伝える必要があります。そうしたときに参考になるのが **「SBI
情報」** という考え方です。

　SBI情報とは、**「Situation（どのような状況で、どんなときに問題であっ
たか）」「Behavior（どんな行動が問題であったか）」「Impact（問題行動が
どんな影響をもたらしたのか）」** に関する一揃いの部下についての情報のこ
とで、SBIとはそれぞれの頭文字をとったものです。

　マネジャーは、事前に部下を観察しておき、SBI情報を集めることが欠
かせません。要するに、フィードバックは事前準備が最も大切であり、そ

こから勝負が始まっているということです。

シ チュエーション、ビヘイビア、インパクトを集める

　では、より具体的に、どのような情報を集めれば良いのかを見ていきましょう。先ほど述べたように、マネジャーが事前に部下に関して把握しておきたい情報は**「SBI情報」**です。

- **シチュエーション（どのような状況で、どんな状況のときに）**
- **ビヘイビア（部下のどんな振る舞い・行動が）**
- **インパクト（どんな影響をもたらしたのか。何がダメだったのか。何が良かったのか）**

　この3点の情報を集めて、具体的に伝えることではじめて、相手はあなたの言いたいことを理解してくれます。たとえば、

- A社のプロジェクトを担当してもらったけれども（＝シチュエーション）
- 君のスケジュール管理に不備があったことで（＝ビヘイビア）
- 納期が1週間も遅れてしまったようだね（＝インパクト）

　といった具合です。前述したような「やる気」や「熱さ」のことについて、フィードバックをするならば、

- ここ半年の営業実績の件だけど（＝シチュエーション）
- 電話でのアポイント件数が1日平均10件に達していないようだね（＝ビヘイビア）
- 営業実績が前年比で4割下がってしまっているよ（＝インパクト）

　といった情報を集めておくことで、部下のどの行動が問題なのかを具体的に指摘することができます。こう言えば、部下はどの行動を改善すべき

046

なのかがわかるというわけです。

また、SBI情報の収集にはポジティブな情報もネガティブな情報も両方含まれます。ポジティブにフィードバックする場合は、以下の通りです。

・この2カ月ほど君の営業の様子を見ていたけれども（＝シチュエーション）
・タイミング良くクロージングに持っていって成約を取りつけているね（＝ビヘイビア）
・このままいけば、今期の営業成績は130％くらいになりそうだね（＝インパクト）

以上のような客観的データは、会社のデータベースを見れば収集できますが、それだけでは足りません。日頃の行動を観察して、リアルな情報も集めておくと、話が単なる印象論ではなくなり、説得力が生まれます。

忙しい中、さらに手間が増えるかもしれませんが、時間を見つけて、部下の行動をそれとなく、徹底的に観察しましょう。

観 察するときには、主観を入れない

部下を観察し、SBI情報を集めるときに、大切なことが2つあります。

1つ目は、観察する段階では、**上司の主観や解釈や評価をなるべく排して、行動の観察に徹すること**です。

この段階で、上司の主観や解釈や評価を入れてしまうと、事実に対する認識が曲がってしまいます。すると、部下に伝えたときにも、その主観が入ってきてしまい、部下がなかなか事実を受け入れられません。

たとえば、先ほどのケースで言うと、「ここ半年の営業実績の件だけど、俺は残念だよ（＝シチュエーション）。電話でのアポイント件数が1日平均10件に達していないって、ありえないだろ（＝ビヘイビア）。営業実績が前年比で4割下がってしまっているよ、どうしてくれるんだ（＝インパクト）」といった具合に、事実として提示しなければならない部分の合間に、

上司の「主観」が入り込んできてしまうわけです。

すると、部下は、「ありえないってなんだよ」「どうしてくれるもこうも
ないよ」などと、主観の部分ばかりが気になってしまいます。

それを防ぐためにも、この段階では、なるべく主観を排して事実を収集
することに徹していくと良いと思います。

2つ目は、**なるべく多くのSBI情報を収集すること**です。

一つのシチュエーションだけでなく、いくつかのシチュエーションにつ
いて、情報を集めておくということです。

このように、SBI情報はたくさん集めるほど、部下の問題行動について
多角的に検証することができ、フィードバックをするときの説得力が増し
ます。マネジャーによっては、自分だけではなく、部下の周囲にいる第三
者にヒアリングを重ねて、さまざまな人の視点からSBI情報を仕入れる
人もいます。多角的な情報収集のことを**「トライアンギュレーション：
Triangulation（三角測量）」**と言いますが、これによってより精緻な情報
を集めることができます。

一般に、SBI情報を集めるためには、日頃の観察の他、「1on1」と呼ば
れる短時間の面談を週1回（もしくは隔週1回）程度行うことをおすすめ
します。「1on1」のやり方については、第5章で詳しく解説します。

> **まとめ**
>
> ・いきなりフィードバックをせずに、情報収集からスタートする
> ・情報収集のポイントは「SBI情報」。なるべく具体的に、行動レベル
> 　の情報を集める
> ・SBI情報はなるべく多く集め、客観的に見ることを忘れない

【実践編】ステップ1：
スタートの数分間で成否は決まる

> フィードバック開始前のルール

「どこで行えば良いか」「最初に何を話すべきか」……ついつい戸惑いがちなフィードバックの最初のステップについて、緊張しすぎないように予習しておきましょう。

フ ィードバックで重要なのは「誰に言われるか」

　SBI情報を集めて、フィードバックをする内容がまとまったら、いよいよフィードバックを行います。

　フィードバックで最も重要なことの一つは、部下に信頼してもらうことです。フィードバックがうまくいくかどうかは、**「何を言うか」もさることながら、「誰に言われるか」が非常に重要**です。相手に対してリスペクトを持って接しなければ、信頼感を得られず、話に耳を傾けてもらえません。フィードバックが成功するためには、たとえ耳の痛い話であっても受け入れることのできる「感情の安定性」が大切なのです[8]。仮に内心は部下に腹を立てていたとしても、相手の成長を願い、**相手をリスペクトする態度で臨みましょう**。

フ ィードバックは密閉性の高い空間で行う

　フィードバックを行う場所は、**個室がベスト**です。一般にフィードバッ

---

[8]　Moeller, S. K. and Robinson, M. D. (2010) "Cognitive sources of evidence for neuroticism's link to punishment-reactivity processes" *Cognition and Emotion*, Vol.24(5), pp.741-759

クは、ポジティブなことに加えて、耳の痛いことを通知する場合がほとんどです。厳しいことを言われているのを他の人に聞かれるのは誰でもイヤですから、他の人に話を聞かれない環境を選ぶのが鉄則です。そうすれば、部下も安心します。

密閉性の高い空間に入ったら、席に部下を誘導しましょう。

席の座り方については、机を挟んで面と向かって座ることを好む方と、部下と斜めの位置関係で座ることを好む方がいます。これは単なる好みの問題かと思いますが、後者の方がフレンドリーに話せる傾向はあるように思います。

もちろん、フレンドリーになると言っても、これから行われるのはフィードバックです。しっかりと相手と向き合い、目を見て話をすることが求められるということは、心に留めておいてください。

言いにくいことを話すときほど、相手の目を見て話しましょう。

雑 談から始めて、緊張を解きほぐす

上司に呼び出されれば、部下もなんとなく厳しい指摘を受けることを察知して、緊張します。緊張感がないのも問題ですが、ありすぎると話が頭に入っていかないことがあります。

ですから、最初は部下の趣味などの雑談をしたり、「最近どう？」といった近況報告を聞いたりすることから始めましょう。こうすることで、部下の緊張を解きほぐすことができますし、「部下に対して関心を持っている」という印象も与えることができ、上司との心の距離を縮めることもできます。

まとめ
- 相手をリスペクトする態度で臨む
- 他の人に話を聞かれないよう、個室を用意する
- フィードバックをする前に、相手の緊張を解きほぐす

フィードバックを始める前の3ポイント

1 相手をリスペクトする態度で臨む

2 情報が漏れない個室で行う

3 雑談などで、相手の緊張を解きほぐす

ステップ2：
鏡のように事実を伝える

> **上司の主観を交えるから、部下は素直に聞けなくなる**

いよいよ、部下に問題行動を指摘します。反発されるのではないか、と不安になる人もいると思いますが、「回りくどい言い方をしない」「鏡のように伝える」を心がければ、聞き入れてもらいやすくなります。

回 りくどい言い方をしないで、ストレートに目的を伝える

　部下の緊張がほぐれ、こちらに信頼感を感じてもらえたら、いよいよ本題に入っていきます。たいていのフィードバック面談の冒頭は、

　「ところで今日、Ａ君に来てもらったのは、君の普段の行動で改善してほしいと思っていることがあるからなんだ。これから少しそのことについて、一緒に話し合いたいと思う」

　「ところで、今日は、Ｂ君の普段の行動で、僕が少し残念に思っていることを話したいと思っている。一緒に改善策を考えていこう」

　といった切り出し方になるかと思います。
　ここで大切なことは、**この面談の「目的」を、最初にストレートに述べてしまうこと**です。「問題のある行動を指摘するので、一緒に話し合って、改善策を考えよう」といった趣旨のことを最初に言うのです。
　相手を傷つけたくないからといって、目的をはっきり言わず、回りくどい言い方をする人がいますが、フィードバックでは「痛み」を避けること

052

はできません。むしろ、回りくどい言い方をした方が、「何が言いたいのかわからない。はっきり言ってくれ」と部下をイラつかせます。しっかりと部下に向き合い、この面談の目的を伝えましょう。

言いにくいことはストレートに言う、と同時に言いにくいときこそ言い方に気をつける。これが原則です。

鏡 のように伝えれば、反発されにくい

目的を伝えたら、次に、収集したSBI情報を元に、「どのような行動に問題があるのか」を伝えます。

ここで最も重要なのは、なるべく具体的に把握した相手の問題行動を、**「鏡のように」伝えること**です。言うまでもなく、「鏡のように」とは、できるだけ主観や感情を排除し、起きている事実を起きている通りに伝える

ことです。

部下が反発するのは、上司の指摘に主観や感情が混じっているときです。そのような場合、部下は「それはあなたの勝手な思い込みじゃないか」と思ってしまいます。そうならないためには、事実だと思われることはそのまま伝えることが必要です。

鏡のように客観的に話すコツは、**「○○のように見える」というように話すこと**です。たとえば、「私には、先日のあなたの行動は、こういうふうに見えるけど、どう思う？」といった具合です。

英語で言えば**「It seems ……」（……のように見える）**の感覚です。こういう言い方だと冷静に聞こえるだけでなく、相手も、頭ごなしに言われたときと異なり、自分の言い分を主張する余地があるので、追い詰められることがなく、指摘を素直に受け止めてくれる可能性が高まります。

大切なのは決めつけないことです。

しかし、ストレートに伝えてください。

余 計なフォローは入れない

また、この段階では、無理に「ほめる」ことも、無駄に「ディスる（非難する）」必要もありません。上司の中には、フォローのつもりなのか、フィードバック後に変にほめる人がいますが、これはたいがい逆効果となります。言われた部下の中には、「白々しい」と思う人もいれば、ほめた方だけを覚えていて、一番大切な「耳の痛いフィードバック」をすっかり忘れてしまう人もいます。

ここでなすべきことは、あなたが事実だと思うことを、鏡のように話し、しっかりと相手の目の前に提示することです。

まとめ

- 回りくどい言い方をしないで、目的をストレートに伝える
- 主観を入れず、鏡のように伝える
- 余計なフォローはしない

ステップ3：
相手に問題点を腹落ちさせる

> **対話をして、現状と目標のギャップを認識してもらう**

きちんとフィードバックをしても、部下の心に届いているとは限りません。むしろ、ほとんどの場合「届いていない」と考えた方が良いでしょう。上司の方は、情報通知を行えば、部下に届いたと思いたいものです。しかし、部下の方からすると、上司から突然通知された情報に対しては、解釈するにも時間がかかります。部下に問題点を認識してもらうためには、しっかりと腹落としのための対話が必要です。

一方的に言われただけで、腹落ちする人はいない

　ステップ2で、部下に問題のある行動を「鏡のように」指摘したわけですが、それだけで部下があなたの言うことを理解したとは限りません。

　部下が苦渋の表情を浮かべたり、反省の表情に変わったりしているのを見ると、「今言ったことは聞いているに違いない」「聞いたことは腹落ちしているに違いない」と思うかもしれませんが、実際、**部下は上司の言っていることを聞いていないし、腹落ちもしていないことがほとんど**です。

　どんなに部下に非があったとしても、部下には部下なりの言い訳や理由があります。こちらが思っていることを、額面通り、そのまま受け取る人はそういません。ですから、本当に腹落ちさせるには、対話によって、部下がどのようなことを考えているかを探りながら、それを踏まえて、上司であるこちらのロジックや考え方を伝えていくことが必要です。

　17世紀の大哲学者パスカルの言葉にこんな言葉があります。

人を有益にたしなめ、その人にまちがっていることを示してやるには、彼がその物事をどの方面から眺めているかに注意しなければならない。なぜなら、それは通常、その方面からは真なのであるから。そしてそれが真であることを彼に認めてやり、そのかわり、それがそこからは誤っている他の方面を見せてやるのだ。彼はそれで満足する。

(パスカル『パンセ』断章九)[9]

　上記の言葉のように、部下には部下の「物事の見方」というものが存在します。部下は、自分の物事の見方に従い、「真」を見ている気になっているものです。このときに上司にできることは、いったん「部下の見方」を認めつつも、「別の見方」の存在を部下に発見させることです。そのためには、それなりに長い**腹落としのための対話**が必要になります。

　具体的には、「私にはこのように見えているのだけれども、どう思う？」というように、まず部下の思いや考えを話してもらうことです。そして、話し始めたら、話の腰を折ることなく、最後までじっくり聞きましょう。ここで大切なのは、相手の話を「聞ききること」です。そうすることで、自分と部下との考え方の違いなどが見えてきます。そして、話を聞ききったら、「○○さんはこのように思っているようだけど、私はこう思うな」というふうに、「違い」を伝えていきましょう。

　より具体的な例として、さまざまなタイプの部下との対話のパターンを第4章で取り上げたので、こちらも参考にしてみてください。

　ステップ3は、場合によっては、1～2時間という長時間になるかもしれませんが、このステップを踏まなければ、フィードバックは何の意味も持たなくなってしまいます。心して部下と向き合いましょう。

＊9　パスカル著、前田陽一・由木康訳（1973）『パンセ』中公文庫 p.13

マネジャーと部下の認識の違い

マネジャーは……

Said = Heard （言ったことは、聞かれていて当然）

Heard = Understood （聞かれたことは、わかっていて当然）

Understood = Acted （わかったことは、行動されて当然）

部下は……

Said ≠ Heard （言われたけど、聞いていない）

Heard ≠ Understood （聞いてはいるけど、わかっていない）

Understood ≠ Acted （わかっているけど、行動していない）

→ 対話を通じてズレをなくしていく必要がある

現状とゴールのギャップを明らかにする

対話によって、部下に問題点を認識させるときのポイントは、問題のある現在の状況と目標とのギャップを明らかにすることです。それがかけ離れていることがわかれば、誰でも「今の自分には問題がある」ということがわかります。

営業の仕事のように、数字でギャップが見えやすい内容なら、「月100万円のノルマに、あと30万円足りない」など、直接数字で示せば良いでしょう。

カスタマーサポートや総務など、数字でギャップを示しにくい仕事の場合は、「本来ならば、その仕事の先にどんな光景が広がっているはずなのか」を問いかけてみましょう。部下から明確な答えが返ってこなければ、

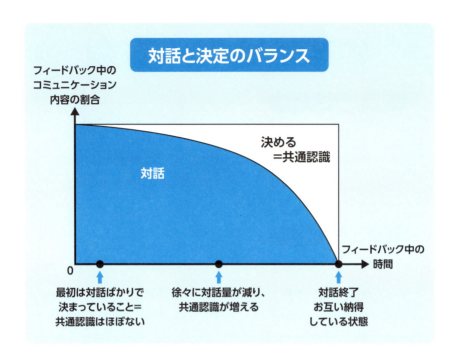

こちらから言葉を継ぎ足してもかまいません。

　そうすれば、部下も現状と目標とのギャップを意識しやすくなるはずです。そのうえで、部下が今後、何をしていくか「決めさせるプロセス」——すなわち「決定」に持ち込むことが重要です。

　大切なことは、対話を通して「決定」に持ち込むことです。徐々に「対話」の量を減らし、決定＝共通認識をつくりましょう。

> **まとめ**
> - 一度言ったぐらいでは、部下は99％腹落ちしていない
> - 部下がどう思っているのかを聞きながら、考えのズレをなくしていく
> - 問題点を認識してもらうため、現状とゴールのギャップを知ってもらう
> - 対話の最後は「決定」に持ち込み、共通認識をつくる

ステップ4：
部下の立て直しをサポートする

> **「これからどうするか」を本人に決めてもらう**

> フィードバックは「スパイシーに言えば良い」と思っている人がいますが、それだけでは不十分です。今後どのように行動を変えるか、その立て直しのサポートをして、はじめてフィードバックと言えます。

自分の言葉で振り返ってもらう

ステップ3で、問題点が腹落ちしたと感じたら、次は「立て直し」に入ります。

過去と現在の状況をもう一度しっかり振り返ってもらい、現状とゴールとのギャップを埋めるために何をすべきか、未来の新たな行動計画や目標をつくり出していきます。今後、結局自分は「何をすべきか」を自己決定させるのです。このような「立て直し」は、部下一人ではなかなかできません。上司がしっかりサポートしましょう。

立て直しを行うときのポイントは、部下自身に、**自分の過去や現在の状況を再び言葉にしてもらうこと**です。上司が言葉にするだけでは、部下の記憶に残りません。自分で言葉にすることで、客観的に見られるようになり、次の仕事に生かせる気づきを得ることができます。

自らが起こしたトラブルや問題行動に対して、部下自身が客観的に分析するのは、非常に難しいことです。トラブルに直面しているときはパニックに陥って周りが見えていませんし、しばらく経っても自分の行動を正当化したいと考えて、主観的にその出来事を見てしまいがちです。

059

しかし、上司が適切な質問を投げかけていけば、狭くなっていた視野が広がり、起こった出来事を冷静に分析できるようになります。

ポイントは「What?」「So what?」「Now what?」

では、どのような質問を投げかけていけば、部下は過去と現在の状況を振り返り、今後の行動計画にまでつなげることができるのでしょうか。

まずは、次の3つのポイントについて、話してもらうように導いていきましょう。それは**「What?」「So what?」「Now what?」**の3つです。一つひとつ説明していきましょう。

1．What?（何が起こったのか？）

「自分は、過去・現在にどのような状況で、どのような行動をとり、それがどんな問題を引き起こしたのか」を、部下に言葉にしてもらいましょう。なるべく具体的に、問題発生のプロセスを再現させることが重要です。これが再現できないうちは、マネジャーの指摘が腹落ちしていないと考えて良いでしょう。場合によっては、「Who（誰が）」「When（いつ）」「Where（どこで）」「What（何をした）」などについて、こちらから詳しく問うてみると、再現しやすくなります。

2．So what?（それは、なぜなのか？）

次は、「So what?」の出番です。「What?」の真の原因を探していきます。自分の行動や認識のうち、何が良くて、何が良くなかったのか。本当の原因が何であったのかを、部下に言語化してもらうのです。自分の力で原因を明らかにすることで、理解が深まり、問題行動の改善につながります。なかなか言葉にできない部下もいるかもしれませんが、ヒントを与えながらも、部下が自力で言葉にできるまで、じっと待ちましょう。

3．Now what?（これからどうするのか？）

今回の問題行動と原因が明らかになったら、「Now what?」です。目指

振り返りの3ステップ

① What? (Gap)
何が起こったのか?
上司と部下の認識の違い(Gap)を
明らかにしておく

② So what? (Keep & Problem)
それは、なぜなのか?
何がこのままで良くて(Keep)
何を変えなければいけないのか(Problem)
話してもらう

③ Now what? (Try)
これからどうするのか?
今後どんな目標に向けて動くのか(Try)
話してもらう

いくら時間をかけても良いので、ここは
→ 相手の口からしっかり明示させること

すべきゴールに向かって、どのように問題行動を改めるのかについて、部下自身に決めてもらいましょう。「このように行動を変えなさい」と上司に押しつけられると、部下はモチベーションが上がりません。

この段階では、部下に新たな行動計画や目標を立ててもらい、上司と部下の間で達成することを約束してもらいます。この後、すぐに問題行動が改善しなかったとしても、ここで約束した内容が、次回以降のフィードバックの素材になります。

まとめ

- もう一度、問題行動について、部下自身に振り返ってもらう
- 再び言語化してもらうことで、真の原因への理解が深まる
- 「これからどうするか」を自己決定させる

第2章 フィードバックの基本モデル 5ステップで実践するフィードバック

061

ステップ5：
今後の期待をしっかりと述べる

> ## ▶ 部下の「やればできる」という気持ちを高める

フィードバックのラストは、部下に今後の期待を述べて、背中を押してあげましょう。何度も同じことを言われている部下に対しては、再発予防策をしっかり講じることも忘れずに。

サ ポートすると明言することで、部下の孤独感をなくす

「これからどのように行動を変えていくか」、部下と共通の認識を持つことができれば、フィードバックはほぼ完了です。最後は2つのポイントを伝えて、しっかりと今後の仕事に送り出してあげましょう。

第1のポイントは、**「今後も期待している」**としっかりと伝えることです。加えて、「困ったときには最大限のサポートをしていく」こともはっきりと伝えましょう。そうすることで、フィードバックを受けた部下の孤独感が和らぎ、彼らが自らのあり方を立て直すときに大きな助けになります。

また、「やればできる」という「自己効力感」をいかに高めるかも重要です。フィードバックはともすれば自己効力感を薄めてしまう可能性がありますが、そのままにして返してしまうと、効果はあがりません[10]。最後は部下に希望を持たせて、送り出しましょう。

---

[10] Kluger, A. N. and DeNisi, A. (1996) "The Effects of Feedback Interventions on Performance: A Historical Review, a Meta-Analysis, and a Preliminary Feedback Intervention Theory" *Psychological Bulletin*, Vol.119 (2) , pp.254-284
Brown, J. D. (2010) "High self-esteem buffers negative feedback: Once more with feeling" *Cognition and Emotion*, Vol.24(8), pp.1389-1404

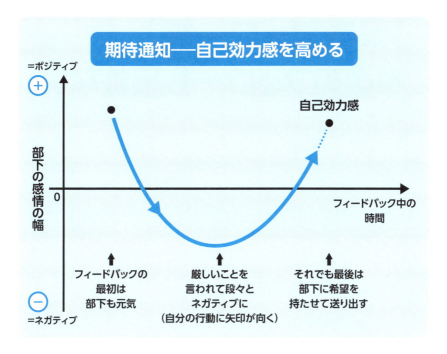

再発予防策も立てておく

　もう一つ重要なのは、**「再発予防策」**を立てることです。問題を抱えた部下は、これまでにも自分の問題点について何度も指摘を受けてきた人が多いと思います。このような場合には、問題が再発することを前提にして、その「予防策」を事前に立ててもらいましょう。具体的には、

　1．今抱えている問題は、どのような場合に再発してしまうのか？
　2．再発してしまいそうになったら、自分としては、どうするのか？
　このような対策を部下と話し合って立てておくことが重要です。

> **まとめ**
> ・「今後も期待している」「自分もサポートしていく」ことを伝える
> ・自己効力感を持たせるようなことを言う
> ・再発予防策を話し合っておく

【事後フォロー編】
事後のフォローも忘れない

▶ 行動改善がうまくいったかチェックを繰り返す

フィードバックをした後、そのまま放っておいてはいけません。その後も行動改善ができているか、こまめにチェックすることが大切です。それを繰り返すことで、部下は徐々に行動を改善していくものです。

定 期的にチェックする機会を持とう

部下の行動を改善するために重要なのが、フィードバック後のフォローです。行動改善ができているかどうか、こまめにチェックすることで、部下は自分が進歩しているかどうかを確認することができますし、改善の意識を持ち続けることができます。

年1回や半年に1回の面談のときだけチェックするのでは、期間が開きすぎています。**ベストは週1回、最低でも隔週に1回ぐらいはチェックする機会をつくりましょう**。第5章で説明しますが、フィードバックを行うなら、定期的なミニ面談である「1on1」を取り入れて、そのときをチェックする機会にすると良いでしょう。

フ ィードバックは複数回必要だと考えた方が良い

フィードバックをしたけれども、部下の行動が一向に改善されない……。そういった事態に陥ってしまうこともあるでしょう。

しかし、一度フィードバックをしただけで、行動が改善されることの方が稀だと私は思います。人間は、そんなに簡単には変わりません。

064

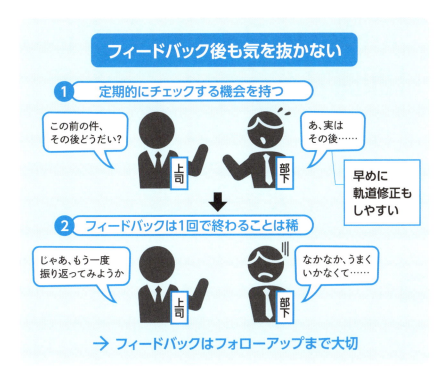

　また、1回の面談だけで時間が不足してしまった場合には、2回目の面談が必要なこともあります。**「フィードバックは、一度だけではなく、何度も行うものだ」**と考えておいた方が良いかもしれません。

　人を変えるためには、このように手間暇をかけ、かつ、あの手この手を尽くさなければなりません。しかし、私たちは、できる限りあきらめず、部下の変化を信じることこそが重要だと思います。

> **まとめ**
> ・行動改善には、事後のフォローが不可欠
> ・隔週1回はチェックする機会を持つ
> ・フィードバックは一度では終わらないと心得よう

ポイント1：フィードバックは「即時」「移行期」にこそ行う

> ▶ 適切なタイミングが、効果を高める

日々の業務が忙しい中、フィードバックのタイミングに悩む方も多いはず。実は、フィードバックをするタイミングには鉄則があります。それは「即時に行うこと」と「移行期に行うこと」です。

す ぐに行わないと、忘れる&こじれる

フィードバックは、適切なタイミングで行うことも非常に重要です。

理想的なのは、**問題が起きたら「即」行うこと**です。「鉄は熱いうちに打て」という言葉がありますが、フィードバックが必要だと感じたら、できるだけすみやかに、その機会を設けることが大切です。これを**「即時フィードバックの原則」**と言います。

なぜなら、何か問題が起きた後、時間が経ってから指摘しても、部下はどのような行動が問題だったのか、その詳細を思い出せないからです。また、トラブルの場合は、時間が経てば経つほど、こじれて元に戻しにくくなります。

とは言え、ちゃんと事実確認をしないままフィードバックをすると、間違えてしまうこともあるので、急ぎすぎない方がいいですが、問題が起きてからなるべく早くフィードバックしたいものです。

役 割が変わって間もない時期は、フィードバックチャンス

もう一つ、意識すべきタイミングは**「移行期」**です。昇進や異動から間もない時期に行う方が、フィードバックは効きやすいということです。

　フィードバックは、年齢が上がるほど効きにくくなりますが、それは長く同じ仕事や役割を担当している人にも同じことが言えます。課長に昇進した人でも1年目は初々しいのに、3、4年経つと、もうフィードバックが効かなくなることがあります。

　仕事における役割が変わった直後は精神的に不安定になる一方、外からの声を受け入れて変わりやすい時期でもあります。カチンコチンにかたまってしまってから厳しいフィードバックで変化させるのは極めて大変なことです。部下がフレッシュなうちに、フィードバックするようにしましょう。

> **まとめ**
> ・問題が起きたら、できるだけすみやかにフィードバックする
> ・昇進や異動から間もない時期を逃さず、フィードバックする

ポイント2：
フィードバックの内容は記録する

▷ 備忘録程度で良いので、メモしておこう

「あれ、そういえばこの前の面談のとき、何言ったっけ？」こんな事態を防ぐためにも、フィードバック中は、メモをとることをおすすめします。

終 わった後でもかまわないので、メモする

　フィードバックの最中には、部下からもさまざまな話があります。場面にもよりますが、フィードバックで部下が話した内容、上司と部下間で合意した内容については、なるべくきちんと「記録」しておくことをおすすめします。**発言内容をフィードバックの最中、あるいは終わった後でも良いので、必ずメモしておきましょう**。

　すると、その後面談などをしたときに、「こんな行動をすると言っていたけど、その後どうなった？」などと確認できますし、言い訳や反論をされたときに、「論理のほころび」を探す材料になります。

部 下に書いてもらう手もある

　かつて私がお会いした管理職の方の中に、その日の面談で話した内容を、自分だけでなく部下にもまとめてもらい、提出してもらっているという方がいらっしゃいました。そうすると、備忘録になるだけでなく、部下が面談での話をどのように受け取っているかが確認できるそうです。

　「自分が熱心に伝えたつもりの肝心なことがぽっかり抜けている。もっと繰り返し言った方がいいな」「言ったつもりのないことが書かれている。何か勘違いしているのではないか？」などということがよくあり、日頃の

068

指導に役立っているそうです。

　いずれにしても、メモなどで記録してフィードバックを振り返ることは双方にとって非常に有効でしょう。

まとめ
- フィードバックの最中か直後に、会話の内容をメモする
- 部下に議事録のようなものを書いてもらっても良い

ポイント3：オンラインでのフィードバックはアリか？

▶ メールはNG。テレビ電話ならOK

どの業界でも、ITが業務に深く入り込んでいる現代。フィードバックに関しても、メールやテレビ電話で行っても良いのでしょうか？

メールでは確実に真意が伝わらない

　最近は、業務連絡の大半をオンライン上でやり取りしている職場も多いでしょう。「仕事のじゃまをしないように」と直接会うことや電話を遠慮して、自分の都合に合わせて読めるメールを選ぶことも当たり前になっているようです。

　その考えの延長線上から、耳の痛いフィードバックに関しても、直接会って話すのではなく、メールを使って行うマネジャーも出てきているようです。

　しかし、**メールでのフィードバックは百害あって一利なし**だと私は思います。その理由は、メールでのフィードバックは、絶対に誤解が生じるからです。

　メールは、相手の表情や声のトーンがわからず、無機質な文字でしか情報を伝えられないので、相手の考えがつかみにくいという弱点があります。これは、耳の痛いフィードバックをするときには致命的です。ただでさえフィードバックはマネジャーの真意を伝えにくいのに、さらに伝わりにくくなることは確実だからです。部下が深読みしすぎて、無駄に落ち込んだり、間違ったとらえ方をして激怒したりすれば、上司との人間関係は悪化するかもしれません。

相手の反応を見たくないからこそ、メールで送っている人もいるでしょう。しかし、目先のストレスの軽減を図った結果、のちにもっと大きなストレスを招く出来事が起きる可能性はかなり高くなると思われます。

テレビ電話なら、ほとんどリアルと同じ

ただし、同じオンライン上のやり取りでも、接続環境の良いテレビ電話なら問題も起こりにくいかもしれません。顔が見えるし、声のトーンもわかるので、リアルと同じようなフィードバックができます。

テレビ電話でフィードバックをするときのポイントも、対面で行う普通のフィードバックと変わりません。「部下としっかりと向き合って、SBI情報を元に、鏡のように事実を伝えること」「厳しい指摘をするだけでなく、立て直しを支援すること」などはまったく同じです。

強いて言えば、テレビ電話でのやり取りは、雑談のような余計なやり取りが少なくなる傾向があります。そうしたやり取りから相手の感情が汲み取れることも少なくないので、たまには意識的に雑談をしても良いでしょう。

まとめ

- ・メールでのフィードバックは、誤解が生じやすいのでやめるべき
- ・テレビ電話でのフィードバックでは、意識して雑談を挟む

フレーズとセリフで学ぶ
フィードバックのポイント

BADフィードバック

😞 上がそう言うから、仕方なく言うよ

> ▶ 上司や人事のせいにして逃げてはいけない

第3章では、フィードバックをするときに意識しておくべきことを、実際の「セリフ」「フレーズ」を通じて、お伝えしていきます。まずは、フィードバックが始まった直後の場面から。こんなセリフを言ってしまうと、すべてが台無しになってしまいます。

自 分の責任ではない、とアピールをしてもすぐバレる

　フィードバックをするうえで、多くのマネジャーが恐れるのは、「厳しいことを言って、部下に恨まれること」でしょう。その場で泣かれたり、キレられたりするのも困りますが、フィードバック後に、言うことを聞いてくれなくなったり、距離を置かれるようになったりすれば、仕事がやりにくくなります。

　しかし、**「恨まれたくない」からといって、逃げ腰のセリフを吐くと、すべてが台無しになってしまいます**。その代表的なセリフが、「○○がそう言うから、仕方なく厳しいことを言うよ。俺はそうは思っていないけどな」です。○○には、「人事」「上」「社長」などの言葉が入ります。

　同じような意味のセリフとして、「社長の方針だから、我慢してここは従ってくれ」というのもあります。

　いずれも、「自分の責任ではない」ことをアピールするためなのでしょうが、こんなふうに言われたら、その後のフィードバックはまったく刺さらず、部下は素直に自分の行動を改善する気にはなれません。それに、本当にそう思っていないのなら、社長や人事に対して、擁護してくれても良

いはずです。それをしないということは、上司もそう思っているということであり、責任逃れの発言であることは明らかです。

そもそも、マネジャーの仕事は、**経営陣から下りてきた方針を、部下にわかる言葉で、わかりやすく伝えること（＝目標咀嚼）**です。経営陣から下りてきた方針を、そのまま伝言ゲームのように右から左に流すだけなら、マネジャーは必要ありません。会社や経営陣が、直接伝えれば良いのです。管理職となったら、経営陣の方針を、咀嚼して部下へと落とし込む「代弁者」としての覚悟を決めることです。

腹をくくり、逃げないことが何よりも求められます。

普 段の口調からモードを変える

　また、部下に与えるショックを和らげるために、普段と同じような軽い口調で、フィードバックをする人も見受けられます。これもまた、刺さらないフィードバックを生み出してしまいがちです。普段通りの話し方をすると、「またなんか言ってるわ」と、部下がこの指導の機会をあまり重要視しないかもしれないからです。

　厳しいフィードバックをするときは、**いつもと違うシリアスなモードで話すようにしましょう**。普段の話し方から切り替えて、はっきりと区切りをつけることで、相手も「あれ？　いつもと違うぞ」と感じ、緊張感を持ってくれます。

　相手から目をそらさず、きちんと向き合うことも大切です。これから言いにくいことを言おうと考えると、フィードバックするマネジャーの方も挙動不審になり、目をそらしたり、体を横に向けたりしがちですが、そういう振る舞いをしても、相手に軽視されるだけです。

　第2章で、「フィードバックは個室で行う」という話をしました。これは、フィードバックされる側のメンツを潰さないということもあるのですが、いつもとは「コミュニケーションのモードを変える」ためにあえて行っているところもあります。部下に「話を真剣に聞かなければならない」と思わせることが重要です。

まとめ

- ・社長や人事などのせいにして責任逃れをすると、台無しになる
- ・普段の口調ではなく、シリアスなモードで話す

GOODフィードバック

時間をかけて今後のために話し合おう

> 「君の行動を改善するために、とことん付き合う」という覚悟を見せる

フィードバックは思った以上に時間がかかることがあります。それを想定して、多めに時間をとっておきましょう。ポイントは、時間をとったことを部下に伝えることです。すると、上司の覚悟を示すことができます。

フィードバックは想像以上に時間がかかる

　実際に部下に対してフィードバックをしてみると、ただちに実感するのは、「想像以上に時間がかかる」ということです。

　多くのマネジャーが口にするように、厳しいフィードバックをするときは、たいがい**自分が想定していたよりも倍以上の時間がかかります**。1時間で終わると思ったら、まず2時間はかかると思った方がいいでしょう。

　しかし、時間がかかることを想定していないと、次に予定を入れてしまい、時間切れになることがあります。これで、フィードバックが中途半端になってしまうのは最悪です。面談後、部下は納得しないままモヤモヤした気分で過ごすことになります。こんな状況では、改善されるはずがありません。

　マネジャーの皆さんが忙しいのは重々承知していますが、厳しいフィードバックをするときは、できる限り、後ろに他の予定を入れないようにした方が良いでしょう。

たっぷり時間をとったことを部下に伝える意味とは？

　フィードバックの時間をたっぷりとることは、「時間切れを起こさなく

て済む」こと以外の効果もあります。たとえば……

「今日は時間をかけて今後のために話し合おう」
「２時間でも３時間でもかまわない」
「この後の予定は全部空けてある」

といったセリフを言うことができるのです。
このようなセリフを言えば、「君の行動を改善するために、とことん付き合う」という「上司の覚悟」を示すことができます。すると、部下も「真剣に話を聞かなければならない」という気になります。

> **まとめ**
> - フィードバックの時間はたくさんとっておく。後に予定を入れるのは避けることが望ましい
> - 「時間をたっぷりとった」ことを部下にも伝える

BADフィードバック

😖君って○○的で、○○性が足りないよね

> **抽象的なフィードバックに要注意**

抽象的な表現でフィードバックをされても、部下は何をどう直せばいいのかわかりません。具体的にロジカルに伝えることを強く意識しましょう。

鉄 則は、具体的にロジカルに伝えること

フィードバックをするときの鉄則は、**部下の問題点を、なるべく具体的に、かつロジカル（論理的）に伝えること**です。そうすることで、部下は問題点を理解し、行動改善につなげることができます。

たとえば、いつも締切りに遅れる部下がいたとしましょう。その場合は、「君、いつも締切りに遅れてないか？」と抽象的に言うのではなく、「この仕事の提出が、締切りより3日遅れましたね」というように、なるべく具体的に述べます。

そのうえで、「なぜそれが迷惑なのか」「なぜその行動を直さなければならないのか」といった理由を、ロジカルに説明していきます。「たかが締切りだと思っているかもしれないが、信頼を失って、契約を打ち切られてしまう可能性がある」などと、厳しいことも包み隠さず言った方が、部下もその深刻さを理解するでしょう。

絶 対に「いつも」と言わず、「いつ」なのかを明確にする

ところが、つい抽象的な言い方をしてしまうマネジャーは少なくないようです。

たとえば、「いつも○○している」「最近○○だよね」というように、い

第3章　フレーズとセリフで学ぶフィードバックのポイント

079

つやった行動なのかが曖昧なフィードバックには注意しましょう。具体的にどの時点の行動なのか言ってもらわないと、部下はその行動を振り返って、問題点を考えられません。

意外とやってしまいがちなのが、**「○○的」「○○性」という言葉を使ってフィードバックすること**です。たとえば、「すべてにおいて悲観的だよね」「最近、主体性が感じられない」などという言葉ですが、これも、ほとんどの場合、抽象的すぎて、どの行動に問題があり、今後どう変えていけば良いのかが、さっぱりわかりません。

抽象的な言い方になってしまう原因のほとんどは、その部下に対するデータが不足していることです。

具体的かつロジカルに伝えるためには、しっかりと部下を日頃から観察して、データを収集しておきましょう。第2章でも述べましたが、特に重要なのは、やはりSBI情報です。「どんな状況で（Situation）」「どんな振る舞いをしたことで（Behavior）」「どんな影響があったのか（Impact）」という「SBI情報」を事前に調べあげておくことで、部下にもこちらの真剣さが伝わります。

> **まとめ**
> ・フィードバックは具体的にロジカルに。抽象的な言い方をしたら、伝わらない
> ・「いつも」「○○的」「○○性」などという言葉を使わない
> ・具体的に言うためには情報収集が不可欠

GOODフィードバック

 # 今の君は◯◯のように見えるんだけど、どう思う?

> 一方的に決めつけるような言い方をしない

部下の問題行動の原因を一方的に決めつけて、まくしたてても、部下は聞く耳を持ってはくれません。では、どのような伝え方をすれば良いのでしょうか。

問 題行動の原因を勝手に決めつけたら、必ず反発される

　フィードバックをするときに、よく陥りがちなのが、部下の問題行動の原因を決めつけて、頭ごなしに叱りつけることです。

　たとえば、「ミスが多いのは、やる気がないからだ。どうせ遊びのことばかり考えているんだろう。そうに決まっている」といったように断定してしまうのです。

　しかし、**上司が部下に話を聞くことなく、部下の問題行動の原因を100％突き止められることはありえません**。話を聞く前に、決めつけたことを言えば、部下は必ず反発します。誰だって、上司に自分のミスの原因を勝手に決めつけられて、頭ごなしに指摘されたら、不愉快に感じるものです。

　先にご紹介したパスカルの言葉（56ページ）のように、相手には相手の「物事の見方」があり、その「物事の見方」の中では、見ているものは「真」なのです。この状況を改善するためには、「部下の物事の見方」をいったんは受け入れて、聞き取り、そのうえで「別の見方」があることを示してあげなければなりません。

部下には「実際はどうなの?」「それについては、どう思うの?」と聞く

相手に刺さるフィードバックをしたいなら、勝手に決めつけてはいけません。事実を元に、客観的なスタンスで、淡々と話すことを意識しましょう。

第2章でも述べましたが、その際に使うと良いセリフが、「○○のように見えるよ」です。先ほどの例で言えば、「やる気がないように見えるよ」というわけです。「見えるよ」と語尾につけるだけでも、客観的な印象になります。

加えて、重要なのは、**「それについてはどう思うの?」と聞くこと**です。こうして、部下に弁明する機会を与えると、一方的に決めつけて話している感じがなくなり、部下から反発される可能性が減ります。弁明を聞くことで、真の原因が突き止められるでしょう。

取るに足らない言い訳のこともありますが、それでも言いたいことを話してもらうことで、部下の気持ちは収まります。そのうえで、「ここに問題があるのでは?」と伝えれば、聞く耳を持ってくれるものです。

言い換えれば、**こちらから一方通行的に情報を通知しただけでは、部下に腹落ちさせることは難しい**というわけです。

「これは残念だと思う」「あなたはまだできると思う」と少し感情を加えるのはかまいませんが、あくまで客観的なスタンスを崩さないよう、意識しましょう。

まとめ

・一方的に決めつけたような物言いをすれば、部下は反発する
・「私にはこう見えるよ」と言えば、決めつけた感じがしなくなる
・「実際はどうなの?」と部下に弁明の機会を与えることで、真の原因がわかり、部下に問題点を腹落ちさせることができる

BADフィードバック

(；≖ェ≖) あれもそうだし、 ほらこの前のあれも……

▶ あれこれ指摘するのは、逆効果かも?

> 何か仕事を指示するとき、「話を絞って、シンプルにした方が良い」と言われます。あれこれ話すと、何が重要なのかわからなくなって、途中で忘れてしまうからです。フィードバックに関しても、同じことが言えます。

い くつも指摘すると、「ねちっこい」と思われる

「今回だけでなく、前回も、期限に間に合わなかったよね」

　部下の問題行動をフィードバックするとき、複数の行動を同時に指摘することがあります。同じミスを繰り返している部下なら、ある意味仕方のないところもあるでしょう。

　しかし、「あのときもこうだったよね」「こないだもそうだし、その前もこうだったよね」といくつもいくつも過去を蒸し返したりするのは、それに対して負の感情を持たせやすいので、余計なハレーションを起こしてしまいがちです。いくら部下に問題があるといっても、あまりやりすぎると逆効果です。フィードバックはシンプルに、が原則です。

あ れもこれも指摘すると、薄まる

　また、「あの件では締切りに遅れた」「この件ではミスが多かった」と、1回のフィードバックの機会で、複数の問題点を指摘するのも、やめておいた方が良いでしょう。部下からすると、責められている感じが増すこともありますが、いくつも指摘すると、部下の頭の中に残りにくくなるからです。**1回のフィードバックで指摘する問題点は、1つにとどめましょう。**

第3章 フレーズとセリフで学ぶフィードバックのポイント

085

人材開発の世界には「1回に1指示」という原則があります。1回に複数の指示や指摘を与えると、相手はなかなか理解できず、結局、変わらないのです。

　複数指摘することになる要因として、そもそもフィードバック面談の回数が少ないことが挙げられます。過去のことを言われても、部下は覚えていませんし、「なぜ今さら言うのか」とも思われてしまいます。何か問題行動があったら、すみやかに面談の機会を設けて、即フィードバックしましょう。

曖昧な記憶で話すと、信頼を失う

　さらに最悪なのは、**記憶が定かでないことをフィードバックすること**です。「ほら、あれだよあれ、何だったっけ、ほら……」などと言って、問題があったのかどうか曖昧なことを指摘するフィードバックです。

　このような言い方をすると、「この人は自分のことをちゃんと見ていない」と思われてしまい、「この人の言っていることはいい加減だから、聞く必要はない」と思われてしまいます。

　挙げ句の果てには、その部下のミスではなく、別の部下のミスだった、などということがあれば、いっぺんに信用を失ってしまうでしょう。

　第5章でも述べますが、フィードバックをするときには、部下の問題行動について、他の複数の部下や他部署のマネジャーなどにも話を聞いて、裏付けをとることが大切です。

まとめ

- ・過去の問題をほじくり返しすぎない
- ・1回のフィードバックで指摘する問題点は1つにとどめる
- ・曖昧な記憶でフィードバックしない
- ・第三者からも情報を集めることが大切

事前準備不足のフィードバックは危険!

① ほじくりフィードバック

② 誤解 de フィードバック

GOODフィードバック

そうか、○○というふうに考えているんだね。でもね……

> 話を徹底的に聞いたら、リピートしたうえで切り返す

フィードバックと言うと、「伝えること」に目がいきがちですが、「話を聞くこと：傾聴」も重要です。部下の言い分をしっかり聞ききることで、「頭ごなしに言われた」と思われずに済みますし、部下が納得するような伝え方もできます。

ま ずは話を聞き、論理のほころびを待つ

　耳の痛いことを伝えたら、部下が黙って素直に聞き入れてくれた——。なんて、ありがたいことは、実際のフィードバック場面では、ほとんどないでしょう。

　多くの場合、部下は、「そうは言いますけど……」と反論や言い訳をしたり、無言になってしまったりするものです。部下には部下の現実のとらえ方や見方があるのです。

　こうした反応をされれば、通知したあなたも嫌な気持ちになるかもしれません。しかし、イライラするあまりに、部下の反論が終わらないうちに、「とはいえさ」「っていうかさ」と言って、反論し返していれば、険悪になるだけです。まずは、イラついている自分、心がザワついている自分を認識すると良いと思います。

　部下からの反論や言い訳に対処するときのポイントは、攻めることではありません。まずは、**部下の言い分をじっくりと聞くこと**です。思いの丈をすべて吐き出せば、部下もスッキリし、あなたの話を聞く気にもなります。また、どんな反論や反発でも、冷静に聞いていれば、必ず、「論理の

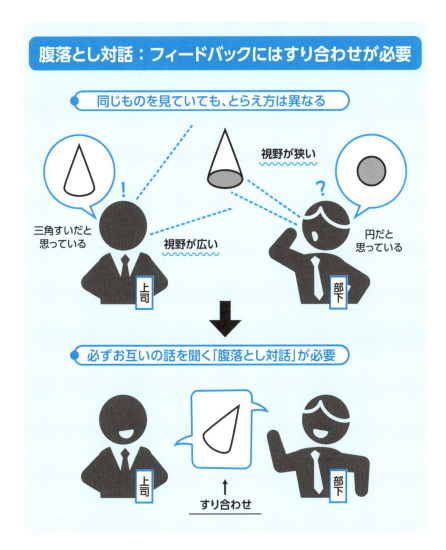

ほころび」が出てくるものです。そのときこそが、刀を返すチャンスです。こちらの言い分や矛盾を提示していきます。

いきなり「でもね」と返さない

最も大切なことは、**いきなり「でもね」と言って、こちらの言い分をまくしたてないこと**です。そうすると、部下もカチンときて、さらに言い訳

や反論をする、という悪循環を招きます。それを防ぐためのポイントは、いきなり返すのではなく、**「部下の言うことをリピートしたうえで、返す」こと**です。

たとえば、いつも締切りに遅れる部下が、「花粉症がひどくて仕事に集中できず、締切りに間に合わなかった」などと言ってきたとしましょう。そんなときは、「花粉症のせいで、仕事に差し支えているんだね。それは気の毒だね」「花粉症がひどくて集中できないんだね。それは大変だね」というように、いったん部下の発言をリピートするのです。

発言をリピートすると、部下は、あなたに「受け入れられている」という感覚を覚えます。すると、少しあなたに心を開いてくれます。その瞬間が、刀を返すチャンスです。「でもね」と言って、こちらの言い分を述べていくのです。

先ほどの花粉症の例で言えば、「病院に行って、薬をもらってくることもできるはずだよね。最近は眠くならない薬もあるよね」「集中できないとわかっているなら、少しスケジュールに余裕を持たせるべきじゃないの?」という具合に、「仕事人として相手がなすべきこと」を指摘していくわけです。すると、いったん受け入れたことが効き、部下が聞く耳を持ってくれることがあります。一度でダメでも二度三度とリピートして返すことで、部下はあなたに受け入れられている感覚を持つでしょう。

マネジャーの中には、こちらが通知をしているときに、部下の話を黙って聞くことは「部下に負けているような気がする」とおっしゃる方がいます。しかし、それは違います。

フィードバックとは、「受け入れて、攻めること」「負けて、勝つこと」なのです。

まとめ

- 言い訳や反論はじっくり聞いて、論理のほころびが出るのを待つ
- 論理のほころびが出たら、こちらの言い分を述べるチャンス
- いきなり反論せず、相手の言ったことをリピートしたうえで刀を返す

フィードバックは聞くことも大切

まずは部下の言い分をじっくり聞く

まずは
受け止める

言い訳や反論を踏まえて、こちらの言い分を述べる

そのうえで
刀を返す

GOODフィードバック

😊 どうすれば○○せずに 済むだろう?

> ▶ 立て直し策は部下に考えてもらう

問題点を指摘した後、立て直し策を講じるまでがフィードバックです。とはいえ、上司が立て直し策を押しつけてしまうと、部下はやる気を失ってしまいます。必ず部下に選んでもらいましょう。

複 数の策を考えてもらい、選んでもらう

あなたが指摘した問題点について部下が納得したら、今度は一緒に立て直し策を考えます。「耳の痛いこと」を一方向的に通知することだけがフィードバックではありません。何度も繰り返しお伝えしていますが、フィードバックの後半は「成長の支援」なのです。

そのときに注意したいのが、立て直し策を一方的に押しつけることです。「いいから、これをやれ」と言われても、部下は納得しません。

大切なのは、「どうしたら○○しなくて済むだろう?」などと問いかけて、部下に自分で考えさせることです。そして、**最終的に何をするかは必ず部下に選んでもらうようにしましょう**。部下は、自分で「口にできたこと」しか、できるようにはなりません。

たとえば、79ページに出てきた「締切りに遅れる部下」で言えば、「見積もりが甘いからいけないんだ。3日前に必ず報告しろ」などと押しつけるのではなく、「どうすれば遅れずに済むだろう?」と言って複数の策を考えてもらい、部下自身に選んでもらうのです。

その際に、「振り返り」が重要であることは、先に述べました。過去・現在をしっかり振り返ったうえで(What?)、何が良くて何が悪かったの

092

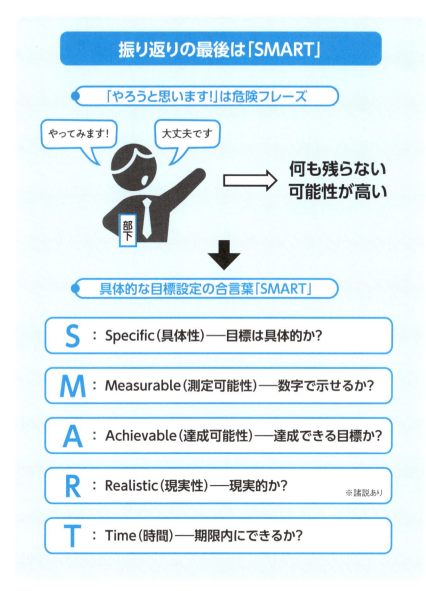

かを考えさせ（So what?）、どう行動を変えるかを考えます（Now what?）。

　この場合であれば、「Now what?」の部分では、「ゴールから逆算してスケジュールをきちんと立てる」「スケジュールにバッファを設ける」「スマートフォンのリマインダーを使って、期限を意識する」などといった対

策が出てくるでしょう。

ト ートロジーにも穏やかに対応

こうしたときに、部下がトンチンカンな対策を出してくることもあります。たとえば、よくあるのが、**トートロジー（同義語反復）**です。「どうすれば締切りを守れるか？」という質問に対して、「今度は、しっかり締切りを守ります」と同じ言葉を言い返してくるのです。「どうすれば締切りを守れるか？」という問いに対して「今度はしっかり締切りを守ります」と答えるのは、同じ言葉の繰り返しです。これでは対策にも何にもなっていません。

しかし、そこは穏やかに聞くのが、大人の対応です。「締切りに遅れるに至った行動を分析しないと、改善しないよね？」などと論理の矛盾を突きつけ、問題を深掘りしていきましょう。

こうした振り返りの最後に意識しておくと良いのが**「SMART」**です。これは、**「具体性（Specific）」「測定可能性（Measurable）」「達成可能性（Achievable）」「現実性（Realistic）」「時間（Time）」**の頭文字をとったもので、具体的な目標設定に必要な要素を並べています[11]。

目標設定の最中には、部下の考えた立て直し策がこれらの要素を満たしているかどうか、確認できるとベストです。

まとめ

- 立て直し策は絶対に押しつけない
- 「どうすれば○○せずに済むだろう?」と問いかけて、考えてもらう
- 最終的には自分で選んでもらう
- トンチンカンな立て直し策が出てきても、とことん付き合う
- 「SMART」で具体的な目標設定かを確認する

---

[11] 目標達成に関する「SMART」の定義には諸説あります。特に、「R」については、「Result-based（成果志向）―成果に基づいているか？」「Relevant（関連性）―本人の価値観に沿っているか？」などとしているものもあります。

BADフィードバック

でも、よくやっていると思うよ、君も

> **耳の痛いことを言った後で無駄にほめない**

厳しいフィードバックをして、落ち込んだ部下を見ると、罪悪感に駆られることがあります。かといって、フォローのつもりで部下をほめるのは、やめましょう。さまざまな弊害があります。

厳しい指摘を忘れて、ほめられたことしか覚えていない!?

フィードバックをするときに、注意しておきたいのは、せっかく指摘したことを「帳消し」にするようなことを言わないことです。

最もありがちなのは、**「厳しい指摘をした直後に、気まずい雰囲気をごまかすために、相手をほめること」**です。

たとえば、取引先に多大な迷惑をかけた部下に対して、「でも、人間的には、君にも良いところがある」などとほめるのです。

厳しいことを言って、相手がしょんぼりしていると、フォローを入れたくなる気持ちもわかります。それが奏功することもあるでしょう。

しかし、フィードバックのリアルな場面では、「思わぬ弊害」も起こってしまいがちです。ポジティブな発言の方にスポットが当たってしまい、厳しいことを指摘した効果が薄れてしまうのです。特に、なんでも自分の都合の良いように受け取る人にフォローをすると、フィードバックの内容を完全に忘れてしまいかねません。

たとえば、今、仮にポジティブフィードバックを「＋」、ネガティブフィードバックを「－」としましょう。多くのマネジャーは、ネガティブフィードバックのパワーを認めつつも、やはり言いにくいので、ポジティブ

フィードバックを挟んだり、ネガティブフィードバックをした後でポジティブフィードバックを行ったりします。

しかし、ここで部下が受けているフィードバック総量を考えてみてください。右図の上の事例では、ポジティブフィードバックを3した後に、ネガティブフィードバックを1しています。すると、この場のフィードバックは足し引きを行うと「＋2」になります。マネジャーとしては言ったつもりなのですが、言われた方からすると、「＋2」の部分が残ってしまいます。

また、右図の下の事例では、ネガティブフィードバックを1した後に、その気まずい雰囲気をフォローするためにポジティブフィードバックを4行っています。そうすると、総量では「ポジティブフィードバック」の「＋3」が残るのです。

このように良かれと思って行ったネガティブフィードバックのフォローは、フィードバックそのものの効果を減じてしまうことがよく起こります。これは、フィードバックをした方と、受けた方に対して行ったヒアリングの結果わかったことです。

フォローのフィードバックは、白々しいのも事実です。

部下もバカではありませんから、取ってつけたようにほめても、「気休めを言わないでくれ」と思う人も多いでしょう。つまり、どう転んでも、**フォローで無駄にほめる行為は百害あって一利なし**なのです。

くどいようですが、フィードバックは、鏡のように、淡々と事実を述べるのが正解です。フィードバックを聞き入れて、問題行動が改善されたというならば、大いにほめていいと思いますが、フィードバックの直後は無駄にほめないことを心がけてください。

> **まとめ**
>
> ・部下が落ち込んでしまったからといって、ほめても、フォローにはならない

ほめるフィードバックには要注意!?

● ポジティブフィードバックが良いか、ネガティブフィードバックが良いか

→ 研究結果もまちまち、つまりケースバイケース

● ただし、ほめるときには注意が必要

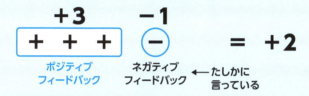

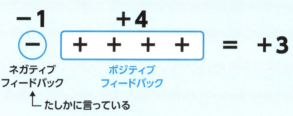

→ これだと部下はほめられたことしか覚えていないことがある

GOODフィードバック

ちょっと、場所を変えようか

> 膠着(こうちゃく)状態に陥ったら、環境を変えるのも一つの手

フィードバックの対話が膠着状態に陥ったとき、これ以上話しても無意味だと感じたら、思い切って日を改めたり、場所を変えたりすると、話がうまく運ぶことがあります。

日 を改めれば、部下も冷静になる

　フィードバックをしていると、部下が何も言葉を発しなくなったり、同じことを言い続けて譲らなくなったり、いつまでも泣いていたりといった膠着状態に陥ることがあります。そういう状態のことを **「アンコーチャブル：Uncoachable（立て直し不能状態）」** と言います。「こんな状態では前向きな会話ができないな」とマネジャーが感じてしまう瞬間はいくらでもあるでしょう。

　部下がそんな状態になったときには、それ以上、会話を続けても無駄です。なぜなら、彼らはすでにパニック状態になってしまっているので、こちらの言葉も受け入れることはできないからです。

　その日は切り上げて、別の日に改めて面談をしましょう。すると、ヒートアップしていた部下も冷静になるので、フィードバックを受け入れやすくなります。

場 所を変えるだけでも、気持ちが変わることがある

　「別の日にもう一度面談するほど、時間がない」という場合は、場所を変えるのも一つの手です。外に行かなくても、会議室を変えるだけでもかま

いません。

　そうして時間や空間を変えると、互いに気分が一新され、建設的な話し合いができるようになることがあります。

　部下も決して何も考えていないわけではないので、時間を与えると、落ち着きを取り戻し、客観的に考えられるようになります。すると、自分の置かれた状況を自分なりにポジティブに意味付けて、現状を受け止めてくれるのです。

　相手に刺さるフィードバックをするためには、**「環境を変える」ということも重要**なのです。

> **まとめ**
> ・膠着状態に陥ったら、思い切って日を改めると、相手が冷静になることがある
> ・時間がないなら、場所を変えるだけでもいい

GOODフィードバック

○○のときの××な行動が、△△の面で良かったと思う

> ポジティブフィードバックも、客観的に伝えよう

部下の問題点を指摘することを中心にお話ししてきましたが、部下をほめることも重要です。ほめることが苦手な人は多いですが、「ほめるに値する事実を客観的に話す」ことなら誰でもできるはずです。

最近、やる気になっているね、ではほめる意味がない

「フィードバック」というと、耳の痛いことを伝えて立て直す「ネガティブなフィードバック」ばかりがクローズアップされますが、「ポジティブなフィードバック」も必要です。部下の良い行動を指摘して、ほめるというフィードバックです。

「最近やる気になっているね」とか、「最近、主体性が出てきたね」というように、ざっくり、ばっくりとしたほめ方をする人がいますが、そんな具体性のないことを言われても嬉しくありませんし、今後の行動の指針にもなりません。

どの行動がどう良かったのか、具体的に行動をほめましょう。**ポジティブフィードバックの行い方は、ネガティブフィードバックの場合と、さして変わりません。**

ほめるときにも、客観的かつ具体的に話す

ポジティブなフィードバックをするときのポイントは、ネガティブなフィードバックと同様に、**「事実を元に、客観的かつ具体的に話すこと」**です。
たとえば、「先ほどの企画会議では、これまで私たちの部署に足りなか

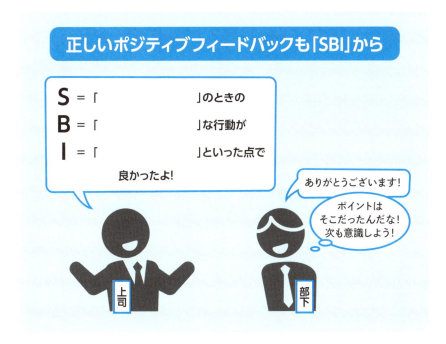

った、子育て目線のアイデアをたくさん出してくれた。今後も、自分の特性を踏まえた意見を出してくれると、皆の参考になる」という具合です。

つまり、「どんな状況で（Situation）」「どんな振る舞いをしたことで（Behavior）」「どんな影響があった（Impact）」ということを伝えるわけです。そこまで具体的に伝えれば、次の行動につながるでしょう。

もうおわかりだと思いますが、このようなポジティブなフィードバックをするうえでも、SBI情報を集めることが非常に重要です。悪いところばかりではなく、良いところにも目を向けるようにしましょう。

まとめ
- 抽象的にほめても、参考にならない。部下の行動をできるだけ具体的にほめよう
- ポジティブなフィードバックでも、SBI情報を集めることが大切

■若手マネジャーフィードバック①

鉄道会社　マネジャー
池田大輔さん（仮名・37歳）

鉄道会社の人事部でマネジャーをしている池田さん。池田さんは運転士の経験がないにもかかわらず、部下にたくさんの運転士を抱えることになりました。運転士経験がない中で、運転士のマネジメントも行っていたそうです。ただ、その経験によって、フィードバックの技術が磨かれたと言います。

運転士経験がないのに、運転士をマネジメント

——現在の仕事内容とこれまでのご経歴について簡単にお伺いできますか？

池田　人事部でのマネジャーをしています。会社にはさまざまな研修メニューがあり、主に新入社員や階層別研修等を企画・実施する10人程度の社員を、私が束ねています。

——新卒で入社されて以来、ずっと研修のお仕事を？

池田　最初は、駅や車掌等の現場第一線業務を3年ほどしていました。その後、いくつかの部署を経験した後、運転士を管理する現場に配属され、そこではじめてマネジャーになりました。部下は皆、運転士なのですが、実は私、運転士の経験は一切ないんですよ。

——それなのに、マネジャーが務まるんですか？

池田　最初は戸惑いましたが、意外と務まりましたね。実は、私のフィー

ドバックのスタイルは、その経験によって築き上げられました。今となっては良い経験をさせてもらったと思っています。

耳の痛いことを伝えながら、「上司は自分を信頼している」と思わせる

——フィードバックをするにあたって、どのようなことを心がけていますか？

池田 一言で言えば、**「部下を一方的に叩きのめさないこと」**です。部下の心にグサリと刺さらなくていいので、「俺もちょっと問題があったかな」「改めようかな」と少しでも思わせることができれば、それで十分だと思っています。手ごたえを数字で言うとしたら、3割もあれば上々ではないでしょうか。

——フィードバックは「寸止め」でとめておくということでしょうか。なぜそう思われるのですか？

池田 当社社員の多くは自分の担当する業務の専門性に自信を持っている者が多く、マネジャーは当該業務を経験していない場合も多いです。完膚なきまでに叩きのめすと、部下は反発し、「何もわかってないくせに」と感じ、こちらの言うことに一切耳を傾けなくなるからです。

——**追い詰められた人や逃げ場がない人は、反旗を翻すのでしょうか？**

池田 基本的に、部下というのは、上司の言うことは聞かない生き物だと思っています。なんといっても、私がそうなので、よくわかる（笑）。頭ごなしに注意されればされるほど、「変わってたまるか」「開発されてなるものか」と反発するものです。これを繰り返していると、「こいつの言うことは絶対に聞かない」と完全フルガード態勢に入ってしまいます。そうなったら、最悪です。その部下の行動を二度と改善できなくなります。

　まして、私の場合は、運転士経験がない人間が運転士にフィードバック

するという状況でした。頭ごなしに言えば、「あいつは何もわかっていない」となるに決まっています。

——そんな状態を防ぐためには、「寸止めフィードバック」で対応する、ということでしょうか？

池田　そうです。しかし「寸止め」でも、言うべきことは言わないといけませんよね。そこで、私は、耳の痛いことはしっかり伝えながらも、**「マネジャーは、ある程度は私のことを理解して信頼してくれているんだな」という感触を、部下に持たせて帰すことを目指しています。**

「理解され信頼されている」と感じると、部下は安心するので、自分のミスに関して理由や事実を正直に話してくれますし、こちらの話にも耳を傾けてくれるものです。

「そもそもの話」から 始める

——耳の痛いことを伝えながらも、「上司から理解され信頼されている」と思わせるために、どのようにフィードバックを行っているのでしょうか？

池田　まずは、「部下の話を（考え方や「思い」も含めて）すべて聞く」ように心がけています。

——部下の話を「最後まで聞ききる」というのは、頭ではわかっていても、なかなかできることではありませんね。

池田　あとは、「自分の見たもの」からフィードバックをするということです。決して、誰かの報告だけからフィードバックをしません。誰かの報告があったとしても、一度は、自分自身の目で働いている現場を見たうえで、フィードバックするようにしています。報告だけ聞いていても、現場を見なければ、本当のところはわかりませんし、仕事や事象のイメージも湧かないので、フィードバック時に話がかみ合いません。

ただし、**現場を見たからといって、すべてわかった気になってはいけないと考えています**。「部下が何を考えてその行動をとっているのか」、そうした考えや思いは、直接聞かなければわからないものです。仮に24時間見守ったとしても、話を聞かなければ、その部下のことを3割ぐらいしか把握できない、と私は考えています。

――ほとんどわかっていないというわけですね。

池田　そうなんです。それこそ、運転士をフィードバックするときは、現場を見ても、何一つわかっていなかった作業の意味や勘所が、部下に話をしてもらうことで、はじめて理解できるという経験を何度もしてきました。そこで、自分が経験したことのある仕事でも、部下に話してもらわなければ、想像以上にわかっていないのではないかということに気づきました。

　だから、フィードバックが必要な問題行動があっても、いきなり部下の問題行動を注意するなど、頭ごなしに説教することは絶対にしません。部下の言い分を必ず聞くようにしています。

――どのように話を聞いていくのですか？

池田　普通、何かミスがあったら、なぜそのようなことが起こったのか、原因を聞くと思うのですが、**私は、その前に、「そもそものところ」を聞くようにしています。ミスした仕事の「目的やルール」を聞くのです。**

　運転士が機械の操作を間違えたとしたら、「この操作って、何のためにあるんだっけ？　どういうルールに基づいているの？」などと聞きます。

――なぜ、そこから聞くのですか？

池田　「そもそものところ」の認識を共有するためです。これがズレていると、いくら話しても話がかみ合いません。たとえば、電車の運転の話をするときに、その目的を「お客様を（不快感や不安感を感じさせないように）

105

安全・正確に輸送すること」ととらえている人と、「とにかく定刻通りに走らせること」ととらえる人とでは、考えがまったく違ってきます。

部下の口からあえて言わせるのは、部下に自分自身の行動を振り返ってもらいやすくするためです。目的を自分の口から言うと、「あれ？　目的とずれているな」などと気づくものです。

——そのうえで、改めてミスの原因を聞いていくのですか？

池田　そうですね。目的を聞くときと同様に、原因を聞くときにも、「なんでこうなっちゃったんだっけ？」「わからないから、教えて」などと、軽い感じでたずねます。そうやって聞かれた方が、部下も話しやすいと思うからです。

ミスの原因をできるだけ多く引き出せれば、「組織知」、組織全体のノウハウの蓄積にもつながっていきます。そのために、研修講師や運転士を自前で雇っているわけですからね。話を聞くことは、それ自体が、組織に貢献することだと考えています。

言い訳は、
リピートして受け止める

——原因を聞くと、あれこれ言い訳をしてくる部下は多いと思います。それに対しては、どう対処しているのですか？

池田　どんなにおかしなことを言っていても、**すぐに反論しないで、最後まで聞ききるようにしています**。

たとえば、運転士にミスを指摘すると、「天候が悪かったから」「体調が悪かったから」「直前にお客様から声をかけられて気が散ったから」などなど、さまざまなことを言ってきます。「ちゃんと寝ろよ」「気が散る仕事なのは重々承知だろ。何年、運転士やってんだ」とその場で言いたくなりますが、ぐっと我慢します。

106

──何も言わないのですか？

池田　部下と同じ言葉を自分も繰り返して、受け止めます。たとえば、気が散ると言われたら、「そうか、そうか、お客様に話しかけられると気が散るよね」などと言うのです。「そう感じるんだ」「そういうものか」などもよく言います。

　そうやって受け止めるのは、「自分の言い分をちゃんと聞いてくれている」「事実をちゃんと見てくれようとしている」という印象を与えるためです。すると、「マネジャーは自分のことをある程度理解し信頼してくれているな」というように感じると思うのです。

　それによって、さらに洗いざらい話してくれれば、真の原因が突き止められ、適切なフィードバックができます。

　ただ、私の場合は、すべて受け止めるだけでなく、たまにきつめの一言も交えます。「そうか、そうか、大事だよな。でも、できてないじゃん」という具合です。たまにそういう言葉を交えることで、場の緊張感を保つようにしています。ただ、その頃合いは難しいです。**相手への刃は「寸止め」でとめます**。

部下も忙しいことを考慮する

──話を聞ききった後は、どのようにフィードバックするのでしょうか？

池田　「どうすれば良いと思う？」と部下に改善策を聞きますが、すぐに出てこないようなら、こちらから「こうした方がいいのでは？」と言ってしまうこともあります。人にはいろんな人がいるのです。かんで含めて、教えてあげて、わからせないと、わからない人もいるのです。

——上司は、そうしたときには戸惑う必要がありませんよね。

池田 そうです。本当に大切なことは、自信を持って伝えればいいのです。その理由は、部下がそれを求めていることが多いからです。

最近は、人手不足で、どの部下もたくさんの仕事を抱えています。だから、目の前の仕事を少しでも早く終わらせたい。そういうふうに考えているのに、「どうしたらいいと思う？」と言って、のんびり待っていると、「いいから、早く教えてくださいよ」となるのがオチです。

——たしかに、近頃はそういうことを言う部下が増えているかもしれませんね。

池田 部下を育てるためには、自分で答えを出すまでじっくり待つことも大切かもしれませんが、それは、仕事がヒマな時代だったからこそできた話だと思うのです。残業削減の時代にあって、それは時代に合いません。

それを踏まえて、私は、改善策をフィードバックするときには、**最もパフォーマンスに直結し、短期間で改善できるポイントを手短に言うようにしています**。「長期的に見たら役立つけれども、目の前のパフォーマンスに直結しない」ことを言っても、部下は聞く耳を持ちません。

——すぐに実践できることをアドバイスするのですね。

池田 目的は成果をあげることです。そのために必要ならば「気づかせれば」いいし、それが難しいならば「教えれば」いい。最短距離を行く方法を一緒に考えてあげることが、現代のマネジャーのあるべき姿だと思います。

頑張りすぎたら、自分がつぶれる

——他にフィードバックをするうえで、重要だと思うポイントはありますか？

池田 あとは、「一人で頑張りすぎないこと」ですね。

どんなに作戦を練ってフィードバックをしても、話を聞いてくれない部下は必ずいます。特に運転士のマネジメントをしているときは、よくありました。

そんなときは、**自分で言うのではなく、誰か他の人に言ってもらうようにしていました**。たとえば、その人の先輩や別の部署のマネジャーですね。すると、嘘のように、話を聞いてもらえることがありました。

——人間関係にはどうしても相性というものがありますからね。自分で言えなかったからといって、「負けた」などと思う必要はない、と。

池田 残念なことですが、「何を言うか」も大切ですが、「誰に言われるか」も大切ですね。自分が言ってもどうしようもないことは、他の人から言ってもらう、というのは大切な実践知だと思います。それは「負けること」じゃない。

負けたなんて、そんなふうに思う必要はまったくないですね。要するに、どんな方法であれ、成果をあげればいいのですから。

——おっしゃる通りですね。

池田 あと、手を抜くところはけっこう抜いています。たとえば、「正しくフィードバックするために、現場で働く姿を見る」と言いましたが、四六時中、一緒にいられるわけではありません。最低限必要な時間だけ、観察をします。

109

――たしかに、全部真剣に見ていたら、膨大な時間がかかります。

池田 「部下を育てるために、きちんとフィードバックをしよう」と頑張りすぎて、自分がつぶれてしまったら、何にもなりませんからね。仕事は誰のためにしているかといったら、部下のためではなく、自分のためであるはずです。フィードバックのために、自分の身を削りすぎる必要はないと思います。

――本日はありがとうございました。

解説

フィードバックは「耳の痛いことを通知して、相手に変化してもらうための技術」なのであって、「相手を追い込む技術」ではありません。池田さんがおっしゃるように、「追い込まれた相手」は、変化どころか「パニック状態」に陥ってしまい、無駄な反発をしてきます。池田さんが「フィードバックは寸止めでとめる」とおっしゃっているのは、こうしたことにまつわる「実践知」であると思います。非常に興味深いことです。

また、どんなに自分で頑張っても、フィードバックが「刺さらない」相手というのはいます。そうした相手が出てきたときに「他の人に言ってもらう」ということも大切な実践知です。要するにフィードバックとは、相手が変化し、目的とする行動をとるようになることができればいいのです。フィードバックを一人で抱え込まず、場合によっては、多くの人々に「開いていく」というのは、素敵な実践知であると感じました。

第**4**章

会話例で学ぶ
部下のタイプ別
フィードバック

すぐに激昂してしまう 「逆ギレ」部下

▶ 「○○さんはどう思っているのかな?」と相手の話を聞ききる

> 「普段は何も言わないくせに、今さら何なんですか?」「マネジャーのこと、見損ないました」——誰だって怒りを向けられると最初はたじろぐもの。しかし、その怒りをチャンスに変える方法があるのです。

下手にほめるのは逆効果

　第1章で多様化する部下への対応がフィードバックの大きな壁の一つだと述べました。そこで本章では、**部下のタイプ別に、実際の会話例を通じて、「やってはいけないフィードバックとはどんなものか」「実際にどのようなフィードバックをするべきか」といったパターンを学んでいこうと思います**。

　まず、右の「NGフィードバック事例①」を見てください。
　フィードバックをしたとき、最も多いトラブルのパターンは、「フィードバックした部下がキレること」でしょう。程度はどうあれ、多くのパターンがこれに該当します。中には、
「課長は何もわかっていません!」
「それは課長の問題認識が間違っています」
　というように、こちらのフィードバックの内容にかみついてくるといった事態はよく起こります。
　こんなとき、皆さんなら、どう対処しますか?
　部下をなだめすかして、怒りを鎮めようとする、という人は少なくない

112

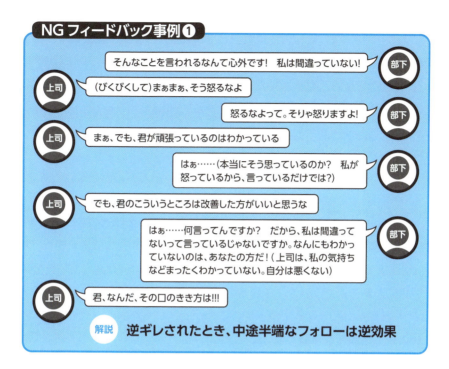

でしょう。たとえば、「君が頑張っているのはわかっている」とねぎらったり、「たしかに、君のこういうところは良いところだ」とほめたりするわけです。

しかし、残念ながら、この方法は逆効果になることがほとんどです。

部下もそれほど単純ではありませんから、ねぎらわれたり、ほめられたりしたところで、簡単に怒りは鎮まりません。それどころか、前章で見たように「白々しい」と思われ、怒りを増幅させることの方が多いでしょう。また、「自分のことを怖がっているんじゃないか」とナメられてしまうこともあります。また無駄にほめることで、せっかく行ったネガティブフィードバックの効果を減じてしまう可能性があることも、第3章で見てきました。いずれにしても、聞く耳を持ってもらえなくなるでしょう。

また、「私はそう思っていないけど、人事（または自分の上司）がそう言っているから仕方ないんだ」と他人のせいにする人もいますが、第3章で見たように、これも間違った対応と言えます。

人のせいにすれば、「責任逃れをして、卑怯な人だな」と思われる可能
性大です。一度そう思われてしまうと、信頼感がなくなり、他の仕事でも
「責任逃れをするんじゃないか」と思われてしまいます。その後の仕事に
まで、悪影響を及ぼしてしまうというわけです。

多 少暴論であっても、最後まで聞ききる

　では、どうすれば、部下の怒りを鎮めつつ、こちらの話を受け入れても
らって、成長につなげられるのでしょうか。
　私がすすめるのは、**部下がどのような思いを持っているのか、話をすべ
て聞ききること**です。
　たとえば、「そんなに怒るということは、『こうした方がいい』という強
い思いがあるんだよね？　それを聞かせてくれないかな」などと言うので
す。具体的には、「なんで怒っているのか」という理由と、「どうすれば良
いのか」と改善策を聞くようにしましょう。
　そのときのポイントは、多少暴論であったとしても、最後まで聞ききる
ことです。すると、部下は自分の言いたいことが言えたことでスッキリし、
怒りを鎮めていくでしょう。
　いきなり部下にキレられると、びっくりして頭が真っ白になることがあ
ります。そんなときに、私が紹介している方法に**「幽体離脱法」**というも
のがあります。自分の立ち位置を、あえて自分よりも「メタ（上位）」な
立場に置き、自分の感情を客観的に見つめるのです。
　怒り狂っている部下の話を聞きながら、それに心をザワつかされている
自分の感情の揺れを見ます。そうして、心をコントロールして、部下の突
発的な怒りにただちに怒りで反応しないようにするのです。
　こうした場合には、無理に話そうとしないで、部下にしゃべらせておき
ましょう。言いたいことをすべて話せば、怒っていた部下も落ち着きを取
り戻すものです。

→ 自分の状況を客観的に見つめて、この後の突破口を探る

部下の主張をリピートしてから、切り返す

　聞ききることで、怒りを鎮めてもらったら、こちらの主張につなげていきます。

　そのときのポイントは、**「○○さんは、××だと思っているんだよね」と部下の主張をリピートすることです。そのうえで、「でも、ここはちょっと矛盾しているんじゃないかな」「～には違和感を感じるんだよね」と指摘すること**です。

　この順序で話すと、部下は、最初のリピートによって、「上司は自分の考えを尊重してくれている」と自尊心を満たせるので、聞く耳を持ちやすくなります。

　部下の言うことが暴論ばかりだとしても、「○○さんはせっかく強い思

いを持っているんだから、それを数字や成果に結びつけることができたらいいんじゃないかな」というように、改善を促すようなことを言うのが、大人の対応です。すると、部下も、前向きな気持ちを取り戻し、一緒に改善策を考えてくれるはずです。

変 にフォローすると刺さらない。こちらも負けじと黙り込む

　相手が激昂して、自分の思いをまくしたててきたら、私はラッキーだと感じます。なぜなら、相手が自分の感情や考えを「外」に出せば出すほど、相手のものの見方や考え方の偏りが、露呈するからです。話せば話すほど、矛盾が見つかるからです。

　むしろ困るのは、沈黙する人。黙ることで不満を表すタイプです。

　この手に出られると、沈黙に耐えられなくなり、ほめるなどのフォローを入れる人がいますが、これこそ相手の思うツボです。相手にとって有利な展開になり、フィードバックを聞き入れてもらえなくなります。

　もし相手が沈黙してきたら、こちらも黙って待つのが正解です。「1時間でも2時間でも待つ」という覚悟を持ちましょう。

「待つこと」はマネジャーの仕事です。

　そうしてこちらの本気度を示せば、相手が根負けして口を開いてくれるものです。そこまで待っている時間の余裕がない場合や、相手がとても聞く耳を持たないほど激昂している場合は、思い切って日を改めてしまいましょう。新たな気持ちで相手に向き合った方が、うまくいきます。

　以上に留意して、冒頭で示した事例を見直すと、右の「OKフィードバック事例①」のようになります。

ポイント

- 逆ギレされたからといって、安易にほめたり、なだめたりしない
- 相手の話を最後まで聞ききる
- 相手の主張をリピートしたうえで、矛盾点を指摘する
- 相手が沈黙したらこちらも沈黙する
- 日を改めてしまうのも手

上から目線で返してくる「逆フィードバック」タイプ

> **上司目線だとこのように見える、ということを伝える**

上司がフィードバックすると、ここぞとばかりに、「上司の〇〇さんのこういうところにも問題がある」とフィードバック返しをしてくる部下がいます。実力がある部下だと対処に困りますが、どう返せば良いのでしょうか。

もし君が上司だったら、この職場をどう変えるの?と意見を求める

「では、言わせてもらいますが、私は、〇〇課長のやり方にも問題があると思います」

右の「NGフィードバック事例②」のように、フィードバック中に、部下から上司であるこちらのマネジメントを批判されることがあります。そんな上から目線の批判をされると、「自分のことを棚に上げて、俺の批判?」とムッとするかもしれませんが、そこで怒ってはいけません。**マネジャーは「キレたら、負け」**です。特に今は、スマートフォンやICレコーダーでいつ録音されているかわからない時代です。そんな時代に「キレ」てしまうことは百害あって一利なしです。

逆ギレタイプと同じく、まず大切なのは、相手の話を「聞ききること」です。相手に話をさせれば「矛盾」や「つっこみどころ」が必ず生まれます。このタイプにおすすめなのは、**「もし君が私の立場だったら、この職場をどう変えるの?」と「仮定法的な質問」を投げかけること**です。

「もしあなたが〇〇だとしたら、どう思いますか?」という仮定法的な問いは、普段、人は思いつきもしません。つまり、どんな人であってもこうした仮定法的な質問には弱いものなのです。ですから、もし視点を変えた

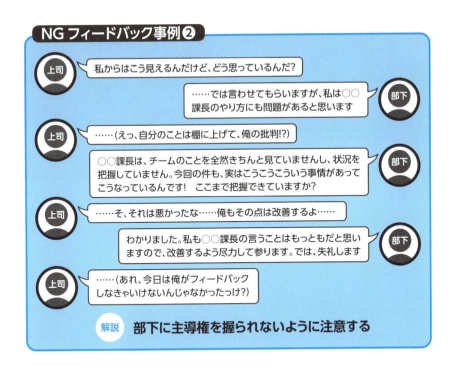

いと思ったら、「仮定法的質問」を繰り出すことで事態を乗り越えることもできます。

そして、「こう変える」という部下の意見を聞くと、多くの場合、矛盾が出てきます。その矛盾を指摘すれば、部下は口をつぐんでしまうはずです。時には、部下の意見に一理あることもありますが、そんなときは「たしかにそれは一理あるね」と認めてあげましょう。そのアイデアが良いものであれば、採用してあげるとさらに良いでしょう。大切なことは体面ではなく、成果を出すことです。マネジャーの行動の根源には「それで成果が出るのか、どうか」を中心に置くとブレがなくなります。

上司目線を伝えることで、視野の狭さを気づかせる

上から目線でフィードバックしてくる相手に対しては、**上司目線での見解を細かく話すことも効果的**です。

たとえば、部下を何かのチームリーダーから外すという決断をしたとし

たら、その理由を上司の目線からいくつも並べるのです。単に「成果があがらなかったから」だけでなく、「A君を新リーダーにすることで、これまでと異なる客層が開拓できると考えた」「君はBさんと組ませた方が、力を発揮するのではないかと考えた」「C君が伸び悩んでいるので、リーダーに昇格させて、刺激を与えたかった」などと、話すわけです。

　実は、一般社員は、意外なほど上司目線の視点を持っていないものです。たとえば、予算やスケジュールを無視して、「もっと人を採用した方が良い」などの現場目線の提案ばかり、というのはよくあることです。こういう場合は上司目線で冷静に伝えると、「上司はそんなふうに考えていたのか」「一枚上手だな」と部下が納得し、話を聞いてくれることがあります。

　以上を意識すれば、右の「OKフィードバック事例②」のようになります。

徹 底的にデータ勝負をする

　上から目線でフィードバックしてくる部下は、「そもそも上司が、私の問題点を正確に把握できるわけがない。そんな人のフィードバックなど、聞くに値しない」というふうに思っていることが少なくありません。

　すべてのタイプに言えることですが、特にこのタイプの部下に関しては、**日頃の行動を観察して、気づいたことを詳細にメモすることが大切**です。そのうえで、「先週のこの仕事のときに、こんなことをしていたけど……」とメモを元に具体的に指摘すれば、部下も「上司が間違っている」とは言えなくなります。徹底的なデータ勝負です。第2章で述べた通り、情報収集をするときにはSBIを意識して、余さず収集するようにしましょう。

ポイント

- 「もし君が上司だったら、この職場をどう変えるの?」と「仮定法的な質問」を投げかける
- 部下の意見に一理あったら、「たしかに一理あるね」と認めつつ、「でも、君もこのように変えないとヤバイと思うよ」と話を戻す
- 上司目線の話を事細かに話す
- 日頃の行動を記録して、それを元に具体的に指摘する

OK フィードバック事例 ❷

【上司】私からはこう見えるんだけど、どう思う?

【部下】……では言わせてもらいますが、私は〇〇課長のやり方にも問題があると思います

【上司】私にも問題があると言うんだね。問題はどんなところかな

【部下】〇〇課長は、チームのことを全然きちんと見ていませんし、状況を把握していません。今回の件も、実はこうこうこういう事情があってこうなっているんです!

【上司】私がチームや状況を把握していないと言うんだね。なるほど、具体的には、いつ、私が全然見ていないのかな

【部下】こないだの月曜日も会議に出ていませんでしたよね

【上司】その時間は役員会議の時間だったから、先日のチーム会議は、チームリーダーのBさんに任せた。私の立場からすると、私がいなくては職場が回らないのは困るんだ。いつもいつも職場にいられるわけじゃない。リーダーを成長させるのも私の仕事だ

【部下】そりゃ、そうでしょうけど

【上司】ちなみに、君が上司だったらこの職場をどう変えるの?

【部下】えっ……私が上司だったら……〇〇課長とは違って、全員から話を聞いて、逐一状況を把握します

【上司】君が私の立場だったら、全員から話を聞くその時間はどうやってつくるの? 部下は20人もいるんだよ

【部下】そりゃ、そうでしょうけれど

【上司】丁寧な聞き取りは、いつでもできるわけじゃないんだよ。そもそも今日の機会も、そういった状況を把握する機会の一つじゃないかな。そういう時間を私ももっと増やしていきたいとは思うよ

【部下】……(部下、口をつぐむ)

【上司】ところで、私も努力するけれど、君は、現状をどう考えてるの?

【部下】このままで良いとは思っていません

【上司】君は、この現状をどう変えたいの?

解説 仮定法的質問で、部下の視野の狭さを突く

自分に都合良く解釈して「まるっとまとめちゃう」部下

▶ 「それってどういうことなの?」とまとめた内容についてたずね返す

「要は、やる気を持てばいいんですね」などと、フィードバックの内容を まるっとまとめてしまう人がいます。問題なのは、ほとんどの場合、そ のまとめ方が間違っていて、改善に結びつかないことです。まるっとまと めてしまう人に対してはどう対処すべきでしょうか?

部下は「なるほど！こういうことですね！」と言うけれど……

「なるほど。要は、やる気を持てばいいんですね」
「そうか。つまり、自分らしさをもっと前面に出せばいいんですね」

　フィードバックをしたとき、その内容を自分なりの解釈で「まるっとま とめてしまう」人がいます。そのまとめ方が正しければいいのですが、9 割以上は、都合の良いところだけ取り出して、フィードバックの趣旨や内 容、精度を故意にゆがめたり、薄めたりしている人は少なくありません。 こちらが「10」話したことを、都合の良いところだけつまんで「1」に減 じてしまうのです。右の「NG フィードバック事例③」のような具合です。

　キツイことを言われた精神的ショックを和らげたいのか、単に理解力が ないのかはよくわかりませんが、こちらは、プライドが高い人や、ベテラ ン社員に多く見られる病です。

抽象化されてしまったものを、もう一度具体化する

　いずれにしても、このような人をそのまま放置していては、永遠にフィ

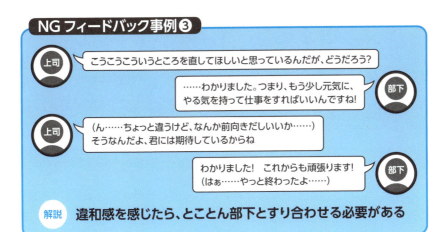

ードバックが刺さりません。どうすれば良いのでしょうか。

私がおすすめするのは、**相手がまるっとまるめた内容に関して、「それって、具体的にはどういうことだと思う？」とたずね返すこと**です。

たとえば、「わかりました、要するに自分らしさを前面に出せばいいんですね」などと言われたら、「それは、私が言ったことと、ちょっとずれているかもしれないな。**ちょっと確認させてほしいんだけど、自分らしさを前面に出す、というのはどういうことなの？**」と聞いてみるのです。

すると、部下は「わかった」と言った手前、その内容を説明せざるを得ませんから、あれこれ話してくれることでしょう。間違っていたとしても、話を途中で遮らずに、聞ききることです。細かく話してもらえば話してもらうほど、その解釈の仕方が間違っていることが明らかになります。

そして聞ききったうえで、「いや、私の言いたいことはそういうことじゃないんだよな」とはっきりと否定して、もう一度、具体的に行動改善できるレベルに落とし込んでフィードバックをしましょう。「具体的にどう行動を改善するか」と「改善する目的」、「改善までの期限」の3つを伝えれば、後で改善につながったかどうか、検証することができます。

まるっとまとめるということは、話を抽象的にするということです。抽象的にすることで、現実と向き合わずに済むからですが、そこを再び、行動改善できるレベルに戻すことで、現実と向き合ってもらうわけです。

フィードバックした内容を「まるっとまとめるとき」の言葉として、非常に多く見られるのは、**「コミュニケーション」**と**「情報共有」**です。「要するに、コミュニケーションをもっととれということですね」とか「情報共有を密にしろということですね」などと言われると、聞こえは良いのですが、私は、この２つの言葉だけで、行動改善につながったケースを見たことがありません。

　この２つの言葉が出てきたときは、それで終わらせずに、具体的な行動レベルに落とし込みましょう。たとえば「コミュニケーションをとると言うけれど、具体的に、どんなときに、どんなふうに相手に連絡をとるの？」とか「情報共有を密にすると言うけれど、具体的に、どのような情報を、どのタイミングで話し合うの？」と聞いていくと、さらに話が具体的になります。

ス トレートに「都合良く解釈するな」と言う手も

　このような「まるっとまとめるタイプ」の人に対しては、その行動がまったく改善されない場合には、その問題点をストレートに伝えることも一計です。たとえば、

「あなたは、私の指摘している内容を、都合の良い部分だけ抜き出して理解されているように見えます」

「あなたは、私の指摘している内容を、薄めて理解する傾向があります。私はもっと具体的に問題点を話し合い、具体的に行動をどう変えるかの話がしたいのですよ」

　というように、はっきりと指摘するのです。

　このようなケースでは、「あなたが逃げようとしていることは、こちらはお見通しだ」というくらいに示さないと、このタイプの人はいつまで経ってものらりくらりと逃げ回る場合があります。一時的には言い合いになるかもしれませんが、衝突を恐れてはいけません。放置しておけばおくほど、後から、物事を変えるのは大変になってしまうのです。

124

OKフィードバック事例❸

 上司：こうこうこういうところを直してほしいと思っているんだが、どうだろう？

 部下：……わかりました。つまり、もう少し元気に、やる気を持って仕事をすればいいんですね！

 上司：えーと、「やる気を持って仕事をする」というのは、具体的に言うと、どういうふうにとらえているの？

 部下：そうですね、僕は、あいさつなどをしっかりするとか、テキパキと5分前行動をするとか、そういうふうにとらえていたのですが

 上司：ん〜私が言いたいこととは少し違うかな。私が言ったのは「部内間でしっかりと意思疎通をとってほしい」ということだ。そのために、自分から部内の人に質問したり、意見を聞いたりを積極的に行ってほしいんだ

 部下：……わかりました。私がしていくことは「部内で自分から質問したり、意見を聞いたりする」ことですね？

 上司：うん、そうだね。それと、私は今回のことは「できるだけしてほしい」という努力目標ではなく、「絶対にしてほしい」という必達目標だと思っている。そのためならなんでも力を貸すから、何かあったら言ってくれよ

 部下：わかりました

 解説　納得いく答えが出るまでは、キッパリと否定する

以上に留意して、冒頭で示した事例を見直すと、上の「OKフィードバック事例③」のようになります。

ポイント

- 相手がまるっとまとめた内容に関して、どういう意味か聞いてみる
- 相手の解釈を聞ききったうえで、「いや、私の言いたいことはそうじゃない」とはっきりと否定する
- 相手が何度逃げようとも、根気強く、何度もフィードバックする
- 「コミュニケーション」「情報共有」という言葉に要注意
- 「あなたは、私の指摘している内容を、都合の良い部分だけ抜き出して理解されているように見えます」とストレートに返す
- 言い合いになることも覚悟する

何を言っても「大丈夫」で返す「ポジティブに逃げる」タイプ

▶ 「大丈夫?」と聞かずに、オープンクエスチョンでたずねる

仕事の状況を聞いたとき、まったく大丈夫ではないのに「大丈夫です」と返してくる……こうした部下は、仕事の大炎上のもとです。このタイプには、どのように質問をすれば、フィードバックできるのでしょうか。

問 題は、あなたの「大丈夫か?」にある

報連相（報告・連絡・相談）はないけれども、何か問題を抱えているような雰囲気がある。そんな部下に対して、一声かけてみたら、「ありがとうございます！ でも、大丈夫です！」と返答が。ところが、後日、まったく大丈夫ではないことが判明し、取り返しのつかない事態になってしまった……。そんな右の「NGフィードバック事例④」のような経験をしたことがあるマネジャーは、多いのではないでしょうか。

大丈夫ではないのに「大丈夫です！」と言うのは、若手でもベテランでも多く見られます。上司としては、非常に困る回答です。

なぜ大丈夫ではないのに、大丈夫と言うのでしょうか。本当に状況が見えていなくて、「大丈夫」と思っているようなケースもあるかもしれませんが、ほとんどのケースでは、上司のセリフに問題がある、と私は見ています。

そのセリフとは、「大丈夫か?」です。上司が部下に仕事の状況を確認するとき、無意識に「大丈夫か?」と聞く人は少なくありません。

しかし、部下の立場になって考えてみると、上司に「大丈夫か?」と聞かれて、「大丈夫じゃありません」とはなかなか答えにくいものです。そ

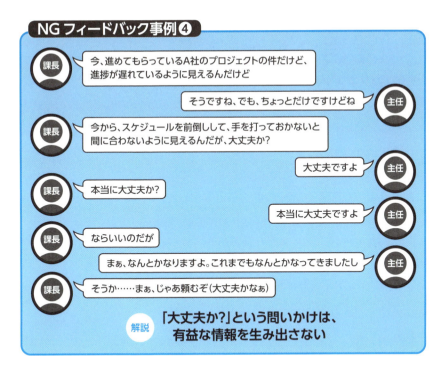

う言ったら、「大丈夫じゃないなら、とっとと、前もって相談しに来い」「大丈夫じゃないってわかっていて、今まで何をやっていたの？」などと言われてしまうのがオチです。そう考えたら、部下には、「大丈夫です」と答える選択肢しか残されていません。

　つまり、**上司が「大丈夫？」と聞くから、大丈夫ではない状況を余計に深刻化させているというわけです**。

「大丈夫ですか？」というのは、カウンセリングの世界でも、使ってはいけない言葉としてよく挙げられます。大丈夫なら、カウンセラーのところに来るはずがないからです。「大丈夫ですか？」と聞くと、悩みを話しにくくなってしまうのです。

現状は、オープンクエスチョンでたずねる

　部下の担当する仕事が大炎上する前にフィードバックをするためには、部下から「大丈夫です」と言われることなく、本当の状況を報告してもら

うことが必要です。

そのためには、「大丈夫か？」と聞くのをやめましょう。その代わりに、**「オープンクエスチョン」でたずねることが大切**です。

オープンクエスチョンとは、「はい・いいえ」などで単純に答えることができない質問のことです。たとえば、

「仕事で何か、困っていることある？」

「仕事で今、話し合っておきたいこと、ある？」

というような聞き方をします。

あるいは、

「○○の件だけど、今、どんな状況になっているの？」

とストレートに聞きましょう。

すると、「大丈夫か？」と聞かれたときと比べて、部下も、正直に状況を述べやすくなります。

な ぜ大丈夫だと思うのか、突っ込んで聞いてみる

このように、オープンクエスチョンで聞いても、「大丈夫です」と言われてしまったときには、もう一歩踏み込んで、「何がどういう状態にあって、大丈夫なのか」をたずねるようにしましょう。

具体的な状況をいくつか挙げてもらえば、矛盾点が必ず出てきます。そもそも、具体的な理由が出てこない可能性も大いにあります。そこを突けば、相手も聞く耳を持たざるを得なくなります。

これは、部下から、「まぁ、なんとかなります」などと根拠のないポジティブな返答があったときにも、同じ手が使えます。「なんとかなります」と言うなら、「具体的にはどういう状況なの？　何がなんとかなりそうなの？」と聞けば、部下は答えざるを得ません。

繰り返しになりますが、相手にいろいろ話してもらうことで、それらの矛盾を探し、反論につなげるのが、フィードバックの鉄則です。その間、上司は相手から寄せられるさまざまな情報を冷静にロジカルに考え、分析していくことが求められます。

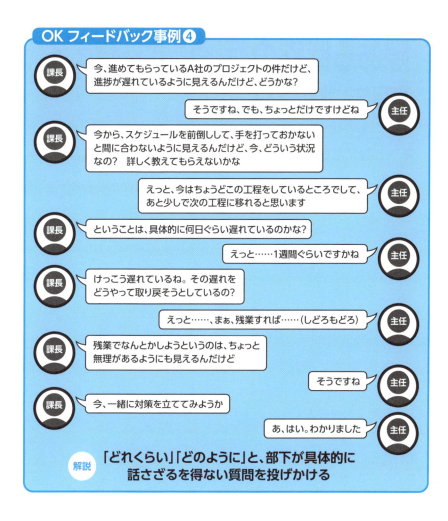

以上に留意して、冒頭で示した事例を見直すと、上の「OKフィードバック事例④」のようになります。

> **ポイント**
> ・部下に「大丈夫か?」とたずねない
> ・オープンクエスチョンでたずねる
> ・大丈夫と判断した具体的な状況や理由を挙げてもらう
> ・話してもらう中で、矛盾点を見つける

隙あらば別の話題にすり替える「現実逃避」タイプ

> すり替えに惑わされずに、何度でも根気強く話を元に戻す

殊勝な感じでフィードバックに耳を傾けているように見えて、「すみませんでした。ところで……」といつの間にか、別の話題にすり替える。すぐに自分の非を認めて、ただちにそこから逃げようとする。ベテラン社員にありがちな手です。こんなタイプに刺さるフィードバックとは?

部下の「からめて」「踏まえて」「関連して」には注意

フィードバックを受け慣れている海千山千の部下の中には、ちゃんと聞いていると見せかけて、「すみませんでした。ところで……」と別の話題にすり替える人がいます。ちょうど右の「NG フィードバック事例⑤」のような具合です。

別の話題にすり替えるのは、「自分が責められている状況から早く逃げ出したい」と思っているからです。まずはただちに「非」を詫びる。そのうえで、すぐに話題を変える。ベテラン社員ほど、すり替えのバリエーションは豊富です。「ところで……」だけでなく、

「すみませんでした。それはさておき」
「申し訳ないと思いつつ、ちょっと別の話になりますが」
「重々反省しているのですが、あ、そういえば」
「お詫びしたいと思いつつ、その件にからめてご相談がございまして」

などと、さまざまな手法で話題をすり替えてしまいます。

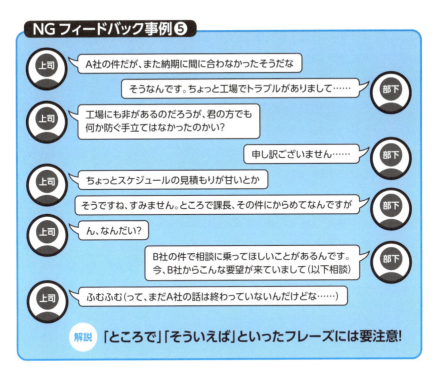

「その件にからめて」「踏まえて」「関連して」などと、今までの話題とつながっているように見せかけて、実際はまったくつながっていないということは、よくあることでしょう。

すり替えるだけなら良いのですが、このタイプは例外なく、フィードバックの内容を覚えていません。現実逃避をしたいわけですから、真正面から課題に向き合うはずがないのです。だから、同じ過ちを何度も繰り返す……。こんな部下に手を焼いている人は、多いのではないでしょうか。

根 気強く話を元に戻して、何度でも同じことを述べる

こうした人にフィードバックが刺さるようにするためには、どうすれば良いでしょうか。

まずなすべきことは、**すり替わったなと思ったら、すぐに話題を元に戻すこと**です。

別の話題にすり替えられたのをしばらく放置しておくと、話を元に戻し

にくくなりますし、戻すのを忘れてしまうこともあります。

　そのためには、自分が伝えたいことを強く意識しておくことはもちろん、その相手がよくやる「すり替えの手口」を頭に入れておくことも重要です。そうすれば、話がすり替わったときに、「その話は後で相談に乗ろう。話を元に戻すと〜」と話をすぐに元に戻せます。

　何度もすり替えてくるツワモノもいますが、そんなときでも、何度も元に戻し、何回でも同じことを述べるしかありません。

　場合によっては、ホワイトボードや白紙に論理の展開を図示することも一計です。そうすれば、「論理」を「すり替えていること」を意識させることができ、相手をロジカルに問いただすことができます。

　以上に留意して、冒頭で示した事例を見直すと、右の「OK フィードバック事例⑤」のようになります。

感 情論へのすり替えに動揺しない

　このように、話を元に戻してロジカルにフィードバックをしていると、「さっきから厳しいことばかり言って、そんなに私のこと、嫌いですか？」と感情論を持ち出す人もいます。

　しかし、これも一種の話題のすり替えです。ロジックでは勝てないと察した相手は、今度は、感情論に話をすり替えようとしているのです。涙などを見せてくる人もいますが、くれぐれも相手の土俵に乗せられないようにしてください。

　ここで「人としては好きだけどさぁ」などと余計なことを言ってしまうと、発言に尾ひれがつき、他の部下から「課長は○○さんのことがお気に入りですからね」「私には用がないと全然話しかけてくれないのに」などと、どんどん話がこじれていきます。具体的に補正・修正してほしい行動レベルの話へと、話題を元に戻しましょう。

ポイント

- 自分が伝えたいことをしっかり意識する
- すり替えの手口をよく覚えておく
- 根気強く話を元に戻して、何度でも同じことを述べる
- 場合によっては、ホワイトボードや白紙に論理の展開を図示して、相手をロジカルに問いただし、「論理のすり替え」を意識させる
- 感情論のすり替えに付き合わない。「人としては好きだけどさぁ」などと余計なことを言わない

責任逃れの弁明ばかり並べる「言い訳」部下

> ▶ 「何かないか」と聞き、対処法を自分で言わせる

仕事のミスや成績不振の話になると、クライアントや同僚、景気、商品の良し悪しなど、何かのせいにする……。そんな「言い訳」部下に刺さるフィードバックをするには、本人の口から言わせることが重要です。

頭ごなしに言えば、やる気をなくす

「クライアントが無茶な要求ばかりしてくる」
「○○さんの作業が遅れているから、その分、しわ寄せが来た」
「○○さんに、こうやれと言われたから」
「ライバル商品と比べて、どうしても見劣りするから」

　まず右の「NGフィードバック事例⑥」を見てください。こんなふうに仕事のミスや営業成績の不振などの話になると、あれやこれやと言い訳を並べたてる人がいます。フィードバックに対して、漏れなく「いやいやいや、とは言いますけどね……」と言い返してくる人もいます。要は、「すべては他人や環境のせいであり、自分のせいではない」というのが、彼らの主張です。

　事実、そういう面もあるのかもしれませんが、「自分にも責任がある」というふうに考えてもらわなければ、いつまで経っても行動改善は見込めません。

　内心、自分にも責任があるとわかっているけれども、それを認めたくなくて逃げ回っているわけなので、逃げ場をなくすことが重要です。

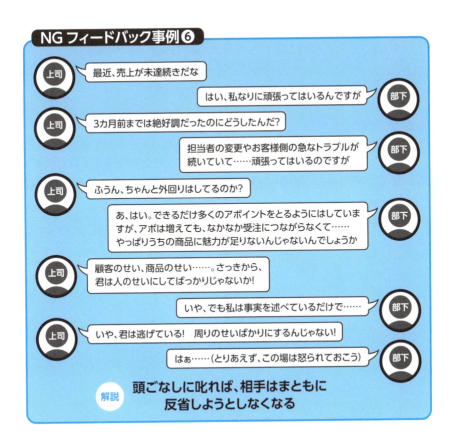

では、どうすれば、逃げ場をなくすことができるのでしょうか。

私がおすすめするのは、**とにかく、言い訳を好き放題言わせること**です。「他に何か原因はある？」などと質問しながら、どんどん話してもらいましょう。

なぜかと言うと、言い訳が多いほど、必ず「論理のほころび」が出てくるからです。そこから突破口が開けます。

ただ、論理のほころびを責めたてすぎると、「はいはい、すみませんでした」と表面的には謝りながらも、ふてくされる可能性もあります。

そうならないためには、一緒に解決策を探り出していくようにしましょう。「具体的にどんなことをしているの？」と部下の行動を振り返ってもらいながら、「この点で、まだできることはないかな？」と部下の意見を

引き出します。ポイントは、解決策を部下に考えてもらい、自分の口から言わせることです。上司から頭ごなしに押しつけると、部下は納得感が得られなかったり、やる気をなくしたりするからです。

オ ウム返しするだけでも、効果的なことがある

　言い訳や矛盾だらけの事実を**「オウム返し（repeating：リピーティング）」して、そのまま「相手に提示するだけ」でも、相手はハッとすることがあります**。目の前に矛盾だらけの論理を並べて気づかせる、というイメージです。

　たとえば、今、営業成績があがらないことを自社の商品力のせいにしている部下がいるとします。あなたは彼に、「売れないのは自社の商品力のせいではない。セールストークなどを自分の頭で考えて、できることを探しなさい」というフィードバックをしました。部下は、こんな言い訳をしてきました。

「私は、一生懸命、売っているんです。でも、お客さんが、それに応えてくれないのです。うちの商品は、商品力に問題があります。職場のメンバーの中には売れる人もいますが、私のお客さんには刺さりません。売れないんです」

　この返答には矛盾があります。「本来、商品力に問題があるならば、売れる人がいるのと、売れない人がいるのはおかしい」からです。
　これに対しては、
「うちの商品は、商品力に問題があるというんだね。商品は売れる人はいるけど、君の場合には、商品は売れないんだね」
　などとオウム返しをするのです。
　すると相手は、先ほどの自らの矛盾に気づく場合があります。「商品力に問題があるだけではなくて、自分でもう少し主体的に動けた部分もあったかもしれませんね」などと、自分から言ってくることがあります。これ

OKフィードバック事例 ❻

【上司】最近、売上の未達が続いているね

【部下】はい、私なりに頑張ってはいるんですが

【上司】3カ月前までは絶好調だったのにどうしたんだ?

【部下】担当者の変更やお客様側の急なトラブルが続いていて……頑張ってはいるのですが

【上司】そうなんだ。具体的には何を頑張っているの?

【部下】あ、はい。まずは見込み客を増やそうと思って、できるだけ多くのアポイントをとるようにしています。でも、アポイントは増えても、なかなか受注につながらなくて……やっぱりうちの商品に魅力が足りないんじゃないんでしょうか

【上司】そうなんだ。受注につながらないのは、本当に商品力の問題だというんだね。3カ月前までは、受注はとれていたのに……

【部下】……(部下、口をつぐむ)

【上司】3カ月前までは、受注はとれていた。商品力に問題がある……

【部下】問題は、商品力ではないかもしれませんね

【上司】お客様が望んでいた提案ができていなかったという可能性はないかな?

【部下】……もしかしたら、そうだったかもしれません。でも、最初に言ったように担当者変更やトラブルで資料をつくり込む時間がなくて……

【上司】そうなんだ。でも、時間がないなりに、やれることはなかったかな?

【部下】そうですね……誰かに協力を求められれば、もっとうまくやれていたかもしれません

【上司】それなら、○○課長に使っている資料を共有してもらったらどうかな? あるいは、君の前任の担当の△△さんに話を聞けば、すぐにポイントがわかるんじゃないかな

【部下】……そうですね。たしかにそういった働きかけはできていませんでした

【上司】そうだね。じゃあ、これからどうしようか。まずは○○課長に私から話しておこう。君はどうする?

【部下】では、私は△△さんにちょっと話を聞きに行きます

【解説】**改善策はできる限り自分の口から言わせた方が、納得してもらえる**

は、私がオウム返しをすることで、自分の言っていたことの矛盾に途中から気づいたわけです。

フィードバックのコツは、「鏡のように話すこと」だと先に述べましたが、オウム返しもまた、「鏡のように話すこと」の一つの形と言えるでしょう。

オウム返しをするときのポイントは、「しかし」や「でも」といった逆接の接続詞を使わないことです。そうした言葉を使うと、相手は「自分のことを否定しようとしている」ととらえ、こちらの言うことを素直に聞こうとしなくなります。相手を肯定しているように見せることで、相手も反省する気になるのです。

以上に留意して、冒頭で示した事例を見直すと、前ページの「OK フィードバック事例⑥」のようになります。

そ のまま「傍観者に見えるよ」と指摘する

なかなか自分の責任だと認めようとしない人に対しては、「傍観者に見えるよ」と返すことも一計です。

「これはうちの職場で起こったので、みんなが問題に向き合うことが求められているのです。あなたも、その一人です。あなたも『傍観者』ではなく、当事者として問題に向き合ってください。さっきのあなたの発言は『傍観者』のものに聞こえます」

こう言えば、相手は「はい、傍観者ですから」とは言えません。さらに、「もし仮にこの事態を引き起こしている原因が、自分にもあるとしたら、それは何？　あなたにできることは何一つなかったの？」「あなたも職場のメンバーなら、何で貢献できるの？　何を返してくれるの？」と言えば、当事者として問題と向き合わざるを得なくなります。

この質問によって、「こうしたことができた」という発言を引き出せればOK です。あとは、それをしているかどうかをチェックすれば、成長に結びつけることができます。

ポイント
- 言い訳を好き放題言わせて、論理のほころびを探す
- 「具体的にどんなことをしているの?」と部下に自らの行動を具体的に振り返ってもらう
- 「何かできることはないの?」と解決策を引き出す
- 解決策は、必ず自分の口で言わせる。頭ごなしに言わない
- 言い訳したことをオウム返しする。「しかし」や「でも」といった逆接の接続詞を使わないよう注意
- 「君の発言は傍観者のように聞こえるよ」と指摘する

どんなアドバイスも受け流す「聞く耳を持たない」部下

> ▷ 反論できない事実を集めて、それを元にフィードバックする

未経験の異動先で部下を持ったり、年上の部下を持ったりした場合、部下が上司を見下し、フィードバックを聞き入れないことがよく起こります。ナメられることなく、フィードバックを聞き入れてもらう方法を覚えておきましょう。

自 信がなくても、放置してはいけない

　いくらフィードバックをしても、さらっと受け流したり、反論したりして、まったく聞こうとしない……。そんな「聞く耳を持たない」部下に悩まされている人は少なからずいることでしょう。特に右の「NG フィードバック事例⑦」のように、他の部署から異動してきて実務経験が豊富な部下を持った場合や、年上の部下や年齢の近い部下がたくさんいる場合は、部下が上司を見下すので、このようなことが起こりがちです。

　そんな部下の反応に対して、キレてはいけないのは当然ですが、自信がないからといって、おもねったり、放置していたりすると、それはそれでナメられてしまいます。フィードバックするときには、受け流したり、反論したりできないよう、対策を打つことが必要です。

S BI情報を集め、事実を元に、ロジカルに指摘する

　「聞く耳を持たない」部下にフィードバックをするとき、基本となるのが、SBI 情報を収集することです。

　何度も述べているように、SBI 情報とはシチュエーション（どんな状況

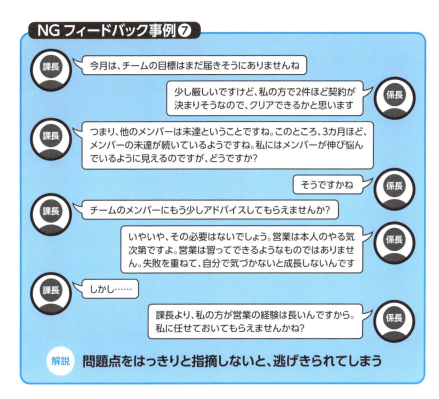

で)、ビヘイビア（どんな振る舞いが）、インパクト（どんな影響をもたらしたのか、ダメだったのか）といった、フィードバックに説得力を持たせる3つの情報のことです。

たとえば、「クライアントA社に商品を納入する仕事で（＝シチュエーション）、納品日の確認をおこたり、間違えてしまったね（＝ビヘイビア）。その結果、予定よりも3日納品が遅れてしまい、A社の担当者を怒らせてしまったね（＝インパクト）」といった具合です。

このようなSBI情報をしっかり集めておき、その事実を元に、今のやり方が間違っていることをロジカルに指摘すれば、部下は反論しにくくなります。上の例で言えば、「なぜ、納品日の確認をおこたったのか」を突き詰めていけば、行動改善につながるでしょう。

フィードバックは、「1回のフィードバックでは、一つのSBI情報だけを言う」のが基本ですが、この場合は、いくつかのSBI情報を集めて、

伝えた方が、インパクトが増します。

　ただ、上司の威厳を示したいからといって、頭ごなしに言い続けてしまうと、部下は自分の自尊心を傷つけないために、耳をふさいでしまう可能性があります。

　そうならないためには、問題点を指摘する一方で、部下を認めているような発言を交えるようにしましょう。たとえば、「豊富な営業経験をチームに還元してほしい」「○○さんのことを頼りにしている」などと言うことで、経験豊富な部下はプライドを保つことができるでしょう。

　以上に留意して、冒頭で示した事例を見直すと、右ページの「OKフィードバック事例⑦」のようになります。

他 の人に助けを借りても良い

　もっとも、SBI情報を元にフィードバックをしたとしても、逆ギレや無視などをして、一向に聞こうとしない部下も、現実にはいるでしょう。

　そうした場合には、**自分一人でなんとかしようとしないで、周囲の人に協力をあおぐ手もあります**。自分の上長や、その部下の先輩など、その部下が聞く耳を持ちそうな人に頼んで、その人経由でフィードバックをしてもらうのです。

　実際にその手を使っていたのが、102ページでご紹介した鉄道会社勤務の池田さん。池田さんは、運転士としての訓練を一切受けていないにもかかわらず、運転士を束ねるマネジャー職につきました。その際は、まったくフィードバックを聞き入れようとしない運転士に対しては、その人の先輩などに頼んで、注意をしてもらっていたそうです。

　自分からまったくフィードバックしないとさすがにナメられますが、どうしても聞いてくれない場合は、検討しても良いでしょう。また、そんな奥の手を使えるようになるためには、日頃から他部署の人たちとも幅広く交流をしておくことが重要です。

OKフィードバック事例 ❼

課長: 今月は、チームの目標はまだ届きそうにありませんね

係長: 少し厳しいですけど、私の方で2件ほど契約が決まりそうなので、クリアできるかと思います

課長: つまり、他のメンバーは未達ということですね。このところ、3カ月ほど、メンバーの未達が続いているようですね。私にはメンバーが伸び悩んでいるように見えるのですが、どうですか?

係長: そうですかね

課長: チームのメンバーにもう少しアドバイスしてもらえませんか?

係長: いやいや、その必要はないでしょう。営業は本人のやる気次第ですよ。営業は習ってできるようなものではありません。失敗を重ねて、自分で気づかないと成長しないんです

課長: (少し強めに) 係長。調べたのですが、係長のチームが全営業所の中で一番クレーム件数が多いんです。それも、連絡ミスなどの基本的なことですね

係長: え、そうなんですか?

課長: ええ。係長以外のメンバーがすべて目標未達ということは部下の育成ができていないということ。このままだと、係長の評価も下げざるを得ません。ですから、目標達成やクレーム件数のこともありますし、もう少し部下の育成に力を注いでほしいんです

係長: むむ……

課長: そこで、月1回で良いので、係長が勉強会を開いてくれませんか? 私は係長の豊富な営業経験をチームに還元してほしいのです

係長: まぁ……わかりました

解説: **客観的な事実を指摘することで、どんな部下も話を聞かざるを得なくなる**

ポイント

- SBI情報を元に、今のやり方が間違っていることを指摘する
- 頭ごなしに指摘せず、部下のプライドをくすぐる言葉も交える
- その相手が聞く耳を持ちそうな人から伝えてもらう

自分の意見を言おうとしない「お地蔵様」部下

> ▶ 「○○のように見えるけど、どう思う?」と客観的なイメージを聞く

意見をまったくと言っていいほど言わない部下。無気力でやる気がないように見えて、実際は自分の意見を言うのが苦手ということも少なくありません。フィードバックも、相手を萎縮させない工夫が必要です。

意見が出なくても、やる気がないわけではない

　会議などの場で意見を求めても、「すみません」「私は大丈夫です」「私なんていいです」などと言って、自分の意見を言わない。こんな「お地蔵様」のように黙っている部下も、職場に1人や2人はいるでしょう。右の「NGフィードバック事例⑧」のように、このタイプの人は、はたから見るとやる気がないように見えてしまいます。

　しかし、多くの場合、やる気がないわけではありません。「空気の読めない発言をして、周囲に白い目で見られるのが怖い」「皆のように、良い意見が言えないので、恥ずかしい」……。このように考えてしまうので、意見を求められても、「すみません」と言って、なんとかやりすごそうとしているのです。「私なんていいです」と言うのは、へりくだっているように見えて、単に逃げているだけだったりします。

　ただ、いくら苦手といっても、いつも黙っているようでは、一緒に働くチームの一員とは言えません。どのようなフィードバックをすれば、話してくれるようになるでしょうか。

　まず、最もやってはいけないことは、「話しなさい」と頭ごなしに叱ったり、感情的に怒ったりすることです。人によっては泣き出したり、怒っ

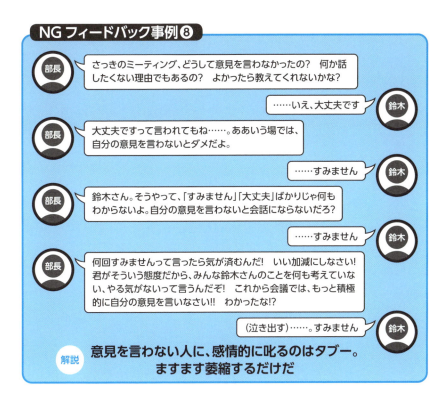

たりして、事態を悪化させてしまいます。下手すれば、会社に来なくなってしまう可能性すらあります。

追い詰めることなく、相手の気持ちを引き出す

　私がおすすめするのは、「鏡」となって、本人が周囲からどのように見えているかを客観的に伝えることです。その後、立て直しの際には、なるべく挑戦のハードルを下げて、**「意見」というよりも「反応レベル」の応答から挑戦してもらう**、ということです。「スモールステップ」よりもさらに段階が細かいステップのことを「ベビーステップ」と言います。このような部下には、「反応をするところから始めよう」といった具合に「ベビーステップ」の課題から取り組ませてみるのも一計です。

　まず第1に、「〜の行動をとっていると、やる気がないように見えるよ」というように、「○○のように見えるよ」という言い方をしながらフ

ィードバックをします。このような言い方をすると、部下を追い詰めるような雰囲気がないので、部下は、自分が周囲からそう見えていることを素直に受け止めやすくなります。

加えて、「あなたはどう思う?」と部下の感想を聞いてみましょう。すると、「決してやる気がないわけじゃない」と意見を言わない理由を説明したくなります。これで話し始めてくれたら、あとは言い分をじっくり聞けばOKです。そうすれば、改善の突破口が見えてきます。

ただ、実際には、話すのが苦手な人ですから、なかなか自分の思いを話してくれないケースの方が多いかもしれません。そんなとき重要なのは、ねばり強く時間をかけて、相手の心が整うのを待つことです。「1時間でも2時間でも待つ」という覚悟を持って、ゆったり構えましょう。

机をトントン叩いたり、時計をチラチラ見たり、貧乏ゆすりをしたりするのは、NGです。上司が「とっとと話してくれ」という雰囲気を少しでも出すと、部下はますます萎縮して話せなくなります。

べ ビーステップを設ける:小さなことから始めてもらう

以上のような対話によって、部下が意見を言わなかったことを反省したとしても、すぐに人前で意見を言えるようになるとは限りません。長期にわたって学習された行動は、急に変えることはできませんから、実際には、なかなか言えるようにはならないはずです。

最初のうちは、少しずつ、できることから始めてもらいましょう。たとえば、「賛成か反対かだけでも言う」「一言だけでいいから、話してもらう」といった具合です。そうやっていくと、徐々に発言するのに慣れてきます。上司が発言を拾ってあげて「面白い意見だね」などとほめれば、少しは自信がつくでしょう。すると、「実は周りの人もたいしたことは言っていない」「すごいことを言わなくても、上司が拾ってくれる」などと心の余裕ができ、意見が言えるようになるものです。

重要なのは、**すぐに結果を求めず、長い目で見ること**です。どの職場も余裕がないので難しいかもしれませんが、上司がそういう意識を持てなけ

れば、部下は育たないと考えた方が良いでしょう。

以上を意識すれば、上の「OKフィードバック事例⑧」のようになります。

ポイント

- 周囲からどのように見えているかを客観的に伝え、「そのことについては、どう思う?」と感想を聞く
- 1時間でも2時間でもかけて、ゆったり対話をする
- いきなり大きな改善は難しい。少しずつできることから始めてもらう

過去にすがって変わらない「ノスタルジー」部下

> ▷「立場上言わなければならない」と前置きしてから、ストレートに言う

過去に成功体験があり強烈なプライドを持っているけれども、今は時代についていけずトラブル続きの「年上の部下」。どう言えばこちらの話を聞いてもらえるでしょうか？

立 場上、こう言わざるを得ないのですが……と前置きする

　年功序列の崩壊や役職定年、定年退職者の再雇用などで、「年上の部下」が増えています。豊富な経験を職場に還元することを期待したいところですが、実際には、過去の成功体験などにとらわれて、今の職場に適応できないというケースが少なくないようです。右の「NGフィードバック事例⑨」のように、勝手な判断で他の部下に迷惑をかけることも……。

　もっとも、年上の部下に耳の痛いことをストレートに言えば、「お前みたいな若造が何を偉そうに」と反発してくる可能性もあります。遠慮をしていてはいけませんが、言いにくい関係になってしまうのはよく理解できます。そこでおすすめなのは、**「立場上、私はこう言わざるを得ないのですが」と切り出すこと**です。こう言っても、年上の部下が納得してくれるかどうかはわかりませんが、「あなたのことをリスペクトしているが、役割を遂行するために言っているんだ」という意味付けができ、言うべきことを言えるようになります。一種のおまじないみたいな言葉です。

変 わらなければならない、とはっきり述べる

　リスペクトしていることを示したら、遠慮しないで、率直にフィードバ

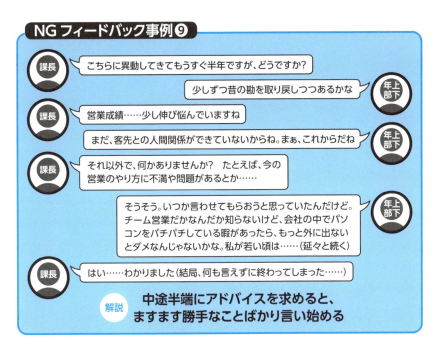

ックをしましょう。下手な遠慮は逆効果です。過去にとらわれている年上の部下の場合は、少々厳しい言葉ですが、**「評価の対象になるのは、過去のあなたではなく、今のあなたである」**ということを伝えると効果的です。

そのうえで、「成果を出すためには、今必要な技術を新たに学び直さないといけない」「変わらなければならない」ということを伝えましょう。

勇気のいる発言かもしれませんが、相手は酸いも甘いも知り尽くしたベテランです。礼儀を忘れずにこちらの立場と誠意を伝えることで、意外と話を聞いてくれることもあります。

もしベテランが「元管理職」であったなら、「〜さんも元管理職のお立場だったので、私の立場もおわかりかと思いますが……」とダメ押しをすることもできます。こうした年上部下が今まで改善できていなかったのは、単に皆から崇めたてられていて、誰もフィードバックしてくれなかったから、という可能性もあるからです。先述した通り、フィードバックをすると、逆に、「なんでもっと早く言ってくれなかったんだ」と言われることだってあるほどです。

以上を意識すれば、右の「OK フィードバック事例⑨」のようになります。

は っきりと「郷に入れば郷に従え」と伝える

以前いた同業他社では優秀だったはずなのに、うちの会社ではまったく成果が出せていない。そんな「中途入社部下」の対処法も、年上の部下と似ています。中途入社の部下が成果を出せない理由の一つは、「会社の文化の違いに、うまくなじめていない」ことです。

同じ業種の仕事でも、会社によって仕事のやり方は違うものです。同じ営業でも、足繁く客先に通うことを良しとする会社もあれば、スマートな情報提供を良しとする会社もあります。このようにまったくカラーが違う会社に転職しても、人は新しいカラーにはなかなか染まれないものです。しかし、成果を出せないまま放っておくわけにはいきません。

ですから、「あなたの過去は尊重するけれども、そのやり方では、ここでは成果はあげられないように見える。やり方を変える必要があるように思うけど、どうか？」とはっきりと伝えることも必要です。過去に学んだやり方で、しかし現在は通用しないものを捨てることを**アンラーニング（学習棄却：Unlearning）**と言います[12]。こうした部下には、しっかりとアンラーニングを迫りましょう。

言い方には細心の注意を払い、鏡のように事実を淡々と伝えたとしても、反発される可能性は高いですが、それは覚悟のうえで臨みましょう。大人の学びは、時に激しい痛みをともなうものです。

ポイント

- 「立場上、言わざるを得ないのですが」と前置きする
- 「評価対象になっているのは今のあなたである」とはっきり伝える
- 他社から転職してきた人の場合も、「あなたの過去のやり方は、ここでは通用しない」と反発されるのを覚悟で伝える
- 現状を伝えたうえで、成果を出すために今必要なことを伝える

---

[12] 中原淳（2012）『経営学習論』東京大学出版会

OKフィードバック事例 ❾

課長:こちらに異動してきてもうすぐ半年ですが、どうですか?

年上部下:少しずつ昔の勘を取り戻しつつあるかな

課長:営業成績……少し伸び悩んでいますね

年上部下:まだ、客先との人間関係ができていないからね。まぁ、これからだね

課長:既存客を一生懸命回っていただいているのはありがたいです。おかげさまで、縁が薄くなっていたお客様ともコンタクトがとれるようになりました

年上部下:そうでしょ? 良かった良かった

課長:しかしですね……、先日田中さん(年上部下)が回ったA社は、すでに鈴木君が回っているんですよ

年上部下:あ、そうだったか。すまんすまん

課長:あと、B社の方も、すでに高橋君が

年上部下:むむっ、そうなのか?

課長:田中さん……管理職という立場上、言わざるを得ないのですが……

年上部下:な、なんだい?

課長:私の方針はチーム営業です。チームのメンバーで顧客情報を共有しながら営業しています。しかし、田中さんはどのお客様を回っているのか、情報を共有していないように見えます。ほとんど顧客情報を入力されていませんよね

年上部下:私のやり方がダメだと言っているのか?

課長:いいえ、今までの田中さんの経験を否定しているわけではありません。でも、ここではここのやり方があります。田中さんにも、少なくとも今のチームの決まりごとは守ってほしいのです。方針に従わない人がいると悪影響があるのは、田中さんも管理職のお立場でしたから、おわかりいただけると思うのですが……

……年上部下

課長:過去の経験を活かしつつ、今のやり方を取り入れてみていただけませんか? これまでの経験を私たちに還元してほしいのです

年上部下:そうね……まぁ、わかりましたよ

解説 **年上部下には、根拠を複数用意しておいて、こちらの説得力を増しておく**

リスクを恐れて挑戦しない「消極的」な部下

> ▶ 「このままだと将来が危ない」ことを伝える。ただ相手の言い分も聞く

成長のチャンスだと思い、チャレンジングな仕事を与えたら、「忙しいので、受けられません」と拒否してくる部下がいます。このような人を成長させるためには、危機感を与えるようなフィードバックが必要です。

挑戦しなければ現状維持すらできないという現実を伝える

　人は背伸びをしたチャレンジを繰り返すことで成長します。部下にチャレンジする機会をどんどん与えていくことが、上司の重要な役割です。

　ところが、右の「NGフィードバック事例⑩」のように、管理職や新しいプロジェクトの責任者など、責任のある仕事に抜擢しようとすると、かたくなに拒否する部下がいます。出世欲もないし、今のままの状況でも十分幸せだから、そんな仕事はしたくないというわけです。また「制作の現場が好きだから」「営業の現場が好きだから」と言って、このままの状況でいたがる人もいます。

　しかし、これらは単に挑戦したくない言い訳に過ぎません。こういう部下を奮起させるにはどうすべきでしょうか。このタイプには、**「現状維持では、将来が危ない」**ということをはっきりと伝えることです。

　たとえば、「今のままの仕事を続けても、現状維持できるわけではない。さらには、このままだと君のキャリアはこうなるよ」と伝えるわけです。

　新しい仕事を避けようとするのは、今のままでも自分の地位が安泰だと思っているからです。しかし、そんなことはありえません。

　たとえば、営業などの仕事によっては、取引先から見ると、業務知識の

 豊富なベテランよりも、知識は少ないがフットワークが軽い、若い人が求められることがあります。また、取引先担当者が若ければ、年齢の近い人の方がやりやすいと考えるものです。チャレンジを嫌がる部下には、そのような「今のままでは、業績を維持することが難しくなる」という現実をはっきりと認識してもらうことが大切です。

 そのためには、「このチャレンジをしないと、将来どんなことが起こるか」を質問し、部下に考えさせると良いでしょう。すると、部下も「このままではマズいかも」という危機感を抱きやすくなります。

以上を意識すれば、右の「OKフィードバック事例⑩」のようになります。

部下の思い描くキャリアとズレがないか確認する

ただし、「このままではダメだ」と説き伏せて、強引にチャレンジさせればいいというものでもありません。本人が納得しないままでは、新しい仕事に対するモチベーションは上がらないでしょう。

そこで重要なのは、**「将来どのように成長していきたいと思っているのか」、その部下のキャリアビジョンを聞くこと**です。思い描いている将来像と新しい仕事がズレていると、「俺、こんなことやりたくないんだけどな……」という気持ちから抜け出せません。

本人のキャリアビジョンは、フィードバックをする以前に、普段の目標管理面談などで把握しておくべきことですが、本心を述べていない場合もあります。この機会にもう一度確かめておくのが良いかもしれません。

そして、部下の思い描くキャリアに対して、新しい仕事がどのような成長の機会につながるのか、説明することも大切です。そうすることで、部下の視野が広がり、納得してくれることがあります。

また、「今の仕事が忙しくて、手が回らない」と言うのなら、今の仕事を軽減できるよう、サポートすることも重要です。「他の部下と仕事を分ける」「外注に出す」などの方法を検討し、実際に動けば、部下もやる気になってくれるかもしれません。

> **ポイント**
> ・「今の仕事を続けても、現状維持できるわけではない。さらには、このままだと君のキャリアはこうなるよ」と将来の見通しを伝える
> ・「このままだとどうなるか」を部下に考えさせる
> ・「将来どのようになりたいと思っているのか」、部下のキャリアビジョンを聞き、新しい仕事とズレがないか確認する
> ・今の仕事が忙しくて受けられないということであれば、仕事を分けるなどの方法で軽減する手伝いをする

OKフィードバック事例 ⑩

 課長: 菊池君、今度、全社的にAIを試験的に導入することは知っているよね。その全社プロジェクトに君も参加してもらえないかな?

 菊池: え、私がですか? ……できればお断りしたいんですけど……

 課長: それはなぜだい?

 菊池: 今の仕事だけで手いっぱいですし、新しい仕事はちょっと……

 課長: 菊池君は、新しい仕事はちょっとって感じなのか。でも、うちの業界の5〜10年後は、機械化や無人化がかなり進むと言われている。それについては、君はどう思う?

 菊池: そうですね……。そうかもしれませんが、AIは単なるブームみたいなところもありますし……

 課長: 確かに、AIはブームかもしれないね。でも、人手が今まで以上に少なくなっていく中で、AIとうまく付き合うことは大切だと思うんだ。AIが普及したとき、人は何を担えばいいんだろう。菊池君の業務はどうなると思う?

 菊池: まぁ……かなりAIにとって代わられるかもしれません

 課長: AIが当たり前に導入されるようになれば、そうだよね。そう考えると、今のうちからAIに関わっておいた方が、人とAIの役割分担に関して考えを深められて、得なんじゃないか?

 菊池: そう……ですね

 課長: 菊池君はチームの最年長だよね。その先輩がチャレンジしている様子は、後輩も見てるんじゃないか。チャレンジする気持ちがないわけではないんだろう?

 菊池: は、はい……

 課長: (しばらく沈黙し、考えさせる)

 菊池: ……わかりました。やってみます

 課長: そうか、じゃあ頼むよ!

 菊池: ただ、今の仕事が回らなくなるんじゃないか心配ですが……

 課長: そうだよな。では、他のメンバーに振れる仕事がないか、ちょっと考えてみようか(以下、話し合い)

 解説 部下に考えさせた方が、危機感を抱かせやすい

■若手マネジャーフィードバック②

中堅機械メーカー　業務推進室・副室長
河野恭子さん(仮名・38歳)

機械メーカーの業務推進室の副室長を務める河野さん。今年から、今の
ポジションにつきました。2人の子供を育てながら、仕事と両立すべく、
日々奮闘しているそうです。限られた時間の中、どうフィードバックを
行っているのでしょうか。

激務をこなしながら、午後6時に退社。
いかに部下を育てるか?

――これまでのご経歴と、現在の仕事について簡単にお伺いできますか?

河野　大学を卒業した後、教育関連会社を経て、13年前に今の会社に入
社しました。最初の3年間はマーケティングの部署にいたのですが、出産
で1年ほどお休みをいただいた後、9年前からは、業務推進室で働いてい
ます。

　業務推進室というのは、発足した当時は他の部署がしていないことをま
とめて手がける「何でも屋」のような部署でした。現在は人事系の仕事か
ら総務の仕事まで幅広い業務を手がけています。これらを、室長、副室長
の私、それと3人の部下の計5人で行っています。部下は30代女性が2
人と、新入社員の20代男性が1人です。

――幅広い業務を、5人で行うのですか。かなりお忙しいのでは?

河野　そうなんです。さらに、私は小学生の子供が2人いるので、お迎え
のために、午後6時には退社しなければなりません。だから、毎日バタバ

タで……。限られた時間の中で、いかに自分の業務をこなしながら、部下をフォローして育てるか。悩める日々を送っています。

部下をフォローしながら、フィードバックする

——そんな中でも、部下を育てるためにはフィードバックが不可欠かと思います。河野さんは、どのようなことを心がけていますか？

河野 **「部下の内面をフォローしながらフィードバックすること」** を強く意識しています。

先ほど言ったように、現在の部署は当初「何でも屋」のような部署だったので、日々発生する仕事に逐一対応するには人数が少なく、かつては仕事をするだけでやっとという日々ばかりでした。

そのため、仕事をメンバーで分担して取り掛かっていたのですが、そうするとお互いに今どんな進捗なのか、何かに困っているのか、手助けが必要なのかなど、それぞれの仕事の状況が見えにくいことがありました。

また、私自身も日々の業務に追われて、メイン業務として携わっていきたい採用や研修まで十分に手が回らないこともあり、人事に関わる仕事をもっとやりたい！という思いがありました。なので、もしかしたら他のメンバーも「もっとこうしたい！」という思いを抱えているんじゃないかな、と思っていたんです。

——それは大変でしたね。

河野 そんな中で、自分も子育てと仕事の両立で時間が限られている中、現在のような立場になったので、「もっとメンバーのことを知らなければ、フィードバックどころではない」というのが正直な思いです。まずは部下が仕事をするうえで、「もっとこうしたい！」という思いがあれば、それを伸び伸びと表現できるようフォローするというスタンスに立ちつつ、そ

の中で気づいたことは積極的にフィードバックしていきたい、そんなふうに思っています。

生活のことまで
話を聞く

——部下をフォローしながら、フィードバックをするために、具体的にはどのようなことをされているのでしょうか？

河野　まず、私が副室長になってからは、私と部下とマンツーマンで面談する場を月1回持つようになりました。皆、忙しいので、1人30分程度を目安にしています。

　その目的は、部下の考えていることを知るためです。今の仕事の悩みやキャリアプランというような仕事に関することだけでなく、**生活のことまで踏み込んで聞くように意識しています**。

——生活まで踏み込むのはなぜですか？

河野　生活面まで聞くことで、その人の精神状態や本心をつかむことができ、適切なフィードバックができると思うからです。

　たとえば、部下のうち、1人は20代男性で、2人は30代女性なのですが、そのうちの一人が1歳の子供を育てている最中で、時短勤務をしています。私の育児経験から言っても、1歳ぐらいだと、まだ免疫力が弱く、保育園でいろいろな病気をもらってくるので、かなり手がかかっているはず。また、職場から保育園・自宅までが遠くて、通勤で他の人より負担が多いなど、そういう子育ての状況を知っているかどうかで、フィードバックでかける言葉も違ってくると思うのですね。

　これは、子育て中の社員に限った話ではないと思います。一人暮らしの男性社員でも、生活面まで聞くことで、さまざまなことがわかるでしょう。

　実は、昔の私の部署は、あまり雑談をすることがなく、最低限の仕事の

話しかしないというドライな雰囲気がありました。仲が悪いというより、仕事が忙しいからなのですが、会話が少ないがゆえに、互いの気持ちがわからないことがよくありました。それを打破する狙いもありました。

——最近は、プライベートを聞かれることを嫌がる人も増えてきていますが、そのあたりは大丈夫でしたか？

河野　もちろん、根掘り葉掘り聞くと嫌がられると思うので、軽く聞くようにしています。

　当初は、「大変そうだけど、平気？」「大丈夫？」などと聞いていたのですが、この聞き方はダメでしたね。たとえば、「お子さんは1歳だから、いろいろ手がかかると思うけど、大丈夫？」などと聞いたのですが、「はい、大丈夫ですよ」と言われて、話がそれ以上続かなくなってしまったのです。「大丈夫じゃありません」とはなかなか言いづらいですよね。

——たしかに、「大丈夫？」と聞くと、なかなか本心は出てこないですね。

河野　そこで、今では、「最近、表情が疲れているように見えるけど、何かうまくいっていないことでもある？」「お子さんは保育園に慣れた？」などと、もう少し具体的に聞くようにしています。その方が、相手も何かを返してくれますね。

自分がオープンでなければ、相手もオープンにはならない

——他にも、話を引き出すためのポイントはありますか？

河野　あとは、面談をする中で、**「相手の心をオープンにさせたいなら、自分からオープンになることが大切」**だということに気づかされました。

　先ほどの育児の話で言えば、「私が午後6時に退社できず、学童保育の門限に間に合わなくて、仕方なく駅からタクシーに乗ってぎりぎり間に合

った」などという話をすれば、相手も「実は、私も保育園のお迎えに間に合わないことがある」と言いやすくなると思うのです。

面談では、基本的には2対8ぐらいの割合で、相手の話を聞くようにしているのですが、たまに話すときに、自分のことをさらけ出すようになったら、部下もオープンに話してくれるようになった感じがします。

あと、これは面談ではないのですが、オフィスの物理的な「壁」をなくしたことも、会話を生むうえで良かったんじゃないかな、と思います。

――物理的な壁とはどういうことですか？

河野　私たちの部署の席は、4つの机でひとつの島になっていて、2人ずつが対面する形になっています。何も机になければ、互いの顔が見えるのですが、パソコンのモニターの両脇に書類などを積み重ねてしまうと、互いの顔が見えないようになっているのです。実は、このような「壁」があることで、気軽に話せなくなっているのでは？　と思ったのですね。

そこで、「皆ともっと話したいので、モニター横の書類をどけて、互いの顔が見えるようにしない？」と提案しました。

――反応はどうでしたか？

河野　「そうですよね」「私もそう思っていました」と肯定的な意見が返ってきました。これなら、もっと早く言っておけば良かった、と思いましたね。その壁をなくしたことで、少しずつ普段の会話が増えてきています。これもまた、限られた時間で部下を理解する助けになっています。

問題点を指摘するより、解決策を話し合うことに時間を割く

――話を引き出した後は、どのようにフィードバックをするのですか？

河野　今の問題点はやんわりと伝えますが、それよりも、**解決策を部下と一緒に考えていくことに時間を割く**ようにしています。

　たとえば、ある時期に仕事に対してやや受け身がちになっていた女性部下がいたのですが、よくよく話を聞いてみると、「こんなことをやりたい」というアイデアを持っていることがわかりました。その部下に対しては、「最近、少し受け身がちに見えるよ」とも伝えましたが、それよりも、「やりたいことがあるなら、やろうよ」と後押しすることに時間を割きました。

――すんなり、やる気になってくれましたか？

河野　「でも、今の仕事量が多くて、それもちゃんとやらないと何もかも中途半端になってしまう」と言われました。その不安を解消することなく、「やりたいならやろう」と言うのは、上司としては無責任ですよね。そこで、その部下が担当している仕事を、私や他の部下と分担する方法を、2人で話し合いました。

　このときに意識したのは、「それなら、この仕事をこう分担しよう」と解決策を押しつけないことです。押しつけると、「せっかく自分でプランを考えていたのに、あなたの言う通りにしなくてはいけないのか」となり、せっかく上がってきたテンションが下がると思うんです。何か言うときは、「こういう方法もあるんじゃない？」と提案するようにしました。

　このように話し合ったことが良かったのか、その部下は、チャレンジする気になってくれました。

――かつて問題意識を抱えていた「メンバーの可能性」をうまく引き出せるマネジャーになっていますね。

河野　でも、そんな存在になれていないことの方が多いですけどね。まだまだ課題ばかりです。

　今、特に意識しているのは、「ゆとりを持つこと」です。ここ2カ月間

ぐらいはスケジュール的に少しだけ空きがあったので、部下の話をじっくり聞く心の余裕が持てたのですが、自分の仕事が山積みになってくると、話が耳に入らなくなってくるので……。自分の仕事を効率化して、心にゆとりを持つことが、適切なフィードバックをするためには大切だと感じています。

――本日はありがとうございました。

解説

　河野さんは、30代女性部下を2人と、20代男性部下1人を持つ、ワーキングマザーです。河野さんのフィードバックにおいて、非常に興味深いことは、彼女が、自分のフィードバックがどのようにあるべきかを、周囲の環境を考えたうえで、決めていることです。具体的には、メンバーが内にある思いを抱えてしまっているのではないか、と判断したうえで、どちらかというとサポーティブ（支援的）でフォローの性格が強いフィードバックをしていることが印象的でした。

　当たり前のことかもしれませんが、このように「何が良いフィードバックなのか」は、その人が置かれている環境によって変わります。もし河野さんの環境が「メンバー各々が勝手な行動をとって問題が頻発しているような職場」であったとしたら、河野さんがしなければならないフィードバックは、もう少し「耳の痛いことをしっかり告げる」といったものだったかもしれません。

　「何が良きフィードバックなのか」を考えるときには、自分が、そして職場がどのような環境の中に埋め込まれているかを考えることが重要だと思います。

第**5**章

フィードバックを
続けるための
事前準備&テクニック

たった15分の「1on1」で フィードバックが変わる

> **▶ 頻度の高いミニ面談で、SBI情報を集める**

第5章では、フィードバックをするために必要な準備やトレーニング、メンタル不調に陥らないための考え方などを取り上げます。まずは、部下の情報を集めるために、定期的に実施しておきたい「1on1」についてご紹介します。

部下を観察している時間がないなら、面談で情報を集める

事実を元にして、客観的にフィードバックをするためには、部下のSBI情報を収集することが必要だということは、すでに何度か述べました。おさらいすると、SBIとは、**シチュエーション（どのような状況のときに）、ビヘイビア（どんな振る舞い・行動が）、インパクト（どんな影響をもたらしたのか。何がダメだったのか）**のことでした。

SBI情報を集めるには、まず、常日頃から部下の行動を観察するという方法が考えられますが、忙しくて観察などしている暇はないという人は多いでしょう。まして最近はフリーアドレスやテレワークなどの普及によって、部下が近くにいないことが増え、観察するのが難しくなっています。

そこで欠かせないのが**「1on1」（ワン・オン・ワン）**です[13]。

「1on1」とは、**上司と部下が1対1で行うミニ面談**のことです。この場で、最近の仕事の報告をしてもらい、「何が良くて何が良くなかったのか」「問題が起きたとしたら、原因は何なのか」「どのように解決するの

---

[13] 「1on1」の具体的なやり方、考え方などは、本間浩輔（2017）『ヤフーの1on1』ダイヤモンド社をご参照ください。

164

か」などを聞いておけば、ある程度のSBI情報は入手できます。

年 1、2回では足りない。頻度を上げて実施する

　最も重要なのは、その頻度です。面談制度のある会社でも、その大部分は年に1、2回ほど、期初・期末の目標達成度評価をする面談と同じタイミングで行う程度ではないでしょうか。

　しかし、年に1、2回の面談では、部下の悩みなどを把握することはできません。そのことは、すでに皆さんがよく実感されているのではないかと思います。だいたい、期末の面談時期などは、半年前に設定した目標など、上司も部下も覚えていないことの方が多いですし、その間に問題行動が起こっていても、放置されていることの方が多いのです。

　部下のことを把握するためには、短時間でいいので、頻繁に行うことが大切です。**1回の1on1にかける時間は15分程度でもかまわないので、頻度を上げて行うことをおすすめします**。

> **まとめ**
> ・観察する時間がないなら、「1 on 1」でSBI情報を集める
> ・15分程度でかまわないので、頻度を上げて行う

職場の問題も「1on1」で未然に防げる

> メンバー同士のトラブルや、メンタル不調の兆候などに気づける

1on1を行うメリットは、フィードバックのための情報を集められることだけではありません。メンバー同士のトラブルや、上司と部下のコミュニケーション不全など、さまざまな問題に気づくことができます。

上司と部下の認識のズレに気づける

頻繁に1on1をすることは、さまざまなメリットがあります。

その一つは、**「耳の痛いフィードバックを受ける前に、部下が自分の行動の課題に自ら気づけること」**です。

最近の仕事で良かったことや悪かったことを上司に話すことで、自分を客観視でき、自らの行動の間違いに気づくことはよくあることです。これで行動改善につながれば、上司が何か言わなくても、本人の能力が高まっていくわけです。

また、**「上司と部下の認識のズレに気づけること」**もあります。

たとえば、「上司は完成度よりスピードを重視しているのに、部下は完成度にこだわっている」というように、上司の考えが部下にうまく伝わっていないことは、どの職場でもよくあることです。部下の報告を聞いていれば、それに気づくことができます。

一方、部下も、上司の考えを確認したいけれども、上司が忙しそうにしていて聞き出せずにいることは、珍しくありません。しかし、隔週1回でも、1対1で話せる場があれば、そこで気兼ねなく聞けるわけです。

1on1のメリット

部下が自分の行動の課題に自ら気づく

部下:「最近だと、あの仕事はこうすれば良かったなぁ……」

コミュニケーションのズレがなくなる

部下:「こういう感じで進めています!」
上司:「ありがとう!悪いけどこことあそこを変えてくれる?」

大きな問題を未然に防げる

部下:「実は、こんなことがあって……」
上司:「そうなのか!今ならまだ何とかなる!」

部下のメンタル不調に気づける

部下:「……という感じで進めています……」
上司:「なんだ?調子悪いのか?」

大 炎上する前に、ボヤを消し止められる

さらなるメリットは、**「大きな問題に発展する前に、トラブルに気づけること」**です。

たとえば、メンバー同士の小さないざこざから発展し、他の人を巻き込んで対立が深刻化したり、足の引っ張り合いが始まったりして、修復不可能な事態に陥ることがあります。ボヤの段階で火を消していれば大火事にはならなかったのに、ボヤを見過ごしてしまい、気づいたときには大炎上していることはよくあることです。

そして、最後のメリットは、**「部下のメンタル不調に気づける」**ことです。

メンタル不調に陥る人の大半は、深刻になる前から、かすかな兆候が見られるものです。「どことなく元気がない」「ため息の回数が多くなっている」といった変化に気づいて、相談に乗るなどすれば、休職者や離職者はかなり減るでしょう。

以上のように、1on1を頻繁に行うことは、上司にとっても部下にとっても、非常にメリットがあります。面倒だと思うかもしれませんが、それをしなければ大きな問題が起こり、かえって膨大な時間をとられるかもしれません。それを考えたら、頻繁に行った方が断然得なのです。

まとめ

- ・1on1にはさまざまなメリットがある
- ・部下が自分で問題に気づく
- ・認識のズレを修正できる
- ・職場の大きなトラブルを未然に防げる
- ・メンタル不調の前兆に気づける

部下の話を引き出す「1on1」の進め方とは

> ▶ 部下との話し方・部下の話の聞き方のポイント

「1on1」では、部下の仕事の報告の他、職場で起こっているトラブルや、部下のキャリアなど、さまざまな話を聞き出したいところです。どのように進めていけば、多くの話を聞き出すことができるでしょうか?

部下から聞き出したい3つのこと

「1on1」の目的は、部下からたくさんの話を引き出すことです。どのように進めていけば良いでしょうか。

聞き出したいことは、大きく分けて3つあります。

1つ目は、**「部下自身の仕事の報告」**です。進捗状況の他、「良かったことと良くなかったこと」「問題の原因」「問題の解決策」などを聞きます。

2つ目は、**「職場で起こっていること」**です。たとえば、部下が直接関わっていないメンバー間のトラブルやメンタル不調者の兆候、といったことです。

3つ目は、**「部下の中長期のキャリア」**です。これからどのようなキャリアを進んでいきたいか、そのためには何をすべきか、といったことです。

最初は「何か話したいことある?」ぐらいで良い

上司の本音を言えば、上の3つすべてを聞きたいところですが、時間は限られていますし、「2番目の『職場で起こっていること』についてはどうですか?」などと形式張って聞いていくと、部下が話しにくくなります。

そこで、私がおすすめするのは、部下に話したいことを話してもらうこ

とです。「何か話したいことある？」「相談したいことある？」「気になっていることある？」などとざっくりした質問をして、自由に話してもらうのです。

すると、予想以上にいろんな話が出てくるものです。私も、研究室のメンバーに対して「1on1」を行っていますが、それを始めたときは「実はこう考えていたのか」「こんなことで悩んでいたのか」といった、予想外の話が次から次へと出てきて、「皆、聞いてほしいことがたくさんあるんだな」と改めて感じました。

話 の腰を折ったり、自分の話をしたりしない

話をたくさん引き出すには、**「部下が話したいことをしっかり聞ききる」ことも非常に重要**です。

「聞く」という行為は、耳がついていれば誰でもできるわけではなく、なかなか難しいものです。特に、部下の話を途中で遮らず、最後まで聞ききることは、しっかりとしたトレーニングと経験を積まなければなかなかできません。自戒を込めて言うのですが、「Hear（意識しなくても聞こえてくる）」はできても、「Listen（意識して聞こうとする）」ができないのです。部下が話していることを「そうだよね」とうなずきながら、部下の言っていることを理解する。そのような積極的・能動的な聞き方こそが、マネジャーに求められる聞き方です。

しかし、実際には、話している途中で、「でも、それって違うよね？」とか「それはちょっとおかしくないか」と話の腰を折ったり、ちゃんと聞かないで、自分が話すことを優先しがちです。心当たりのある方は意識しておきましょう。

まとめ

- 1on1では「仕事の報告」「職場の出来事」「キャリア展望」を聞く
- 部下には、話したいことを自由に話してもらう方がいい
- 話し始めたら、話の腰を折らずに、最後まで聞ききる

忙しいマネジャーは
「朝の声かけ」を習慣に

▶ 一声かけるだけでも、さまざまな情報が集まる

忙しくて、ほとんど会社にいることがないというマネジャーにおすすめなのが、「朝の声かけ」です。毎朝5〜10分程度、職場を回って一声かけるだけでも、さまざまな情報が集まります。

職 場をぐるりと回って、軽い一言をかける

部下からさまざまな情報を集めるうえで、もう一つおすすめしたいのは、**「朝の声かけ」**です。毎朝、出勤したときに、職場を回遊して、目についた部下に、一言、二言の声かけをします。

たとえば、私の場合は、自分の研究部門をときおり回り、目が合った部下に「あの仕事の進み具合はどう？」「けっこう難しい？」などと聞き、特に用がないときは「何かあった？」「何か困ったことある？」などと聞いています。また、他の誰かから、その人について特に気になる話題を聞いたときは、「○○君、最近××なんだって？」などと、聞いたそのままをぶつけます。

すると、「いやあ、実はそうなんですよ」などと返ってくることは少なくありません。相手が話したいと思っているときは、待ってましたとばかりに、いろいろ話してくれます。

朝の声かけは、部下が10人以下ならば、10数分あればできますが、これだけでも、さまざまな話を聞き出すことができます。プレイングマネジャー状態の超多忙な人にこそ、おすすめです。

まとめ

- 朝出社したときに、部下に一言、二言、声をかけるだけでも、さまざまな情報が集まる
- 「あの仕事どう?」「何か困ったことある?」と軽い声かけで OK

「トライアンギュレーション」で情報の裏をとる

> ▷ 良くない噂を聞いたら、他の人にも確かめる

「○○さんは最近、陰でサボっていますよ」。1on1などで、部下から、他の部下の悪い噂を聞いたからといって、鵜呑みにしてはいけません。数人の部下からそれとなく話を聞いて、真偽を確かめましょう。

噂 を鵜呑みにすると、取り返しのつかない事態に

部下と「1on1」や「朝の声かけ」をすると、その部下以外の人に関する情報もいろいろと入ってきます。「Aさんは仕事のミスが多くて困っている」「Bさんは頼んでおいた仕事をちゃんとやってくれない」など、他の人を批判するような話も入ってくることでしょう。

しかし、こうした話を、鵜呑みにするのは危険です。すでに述べた通り、情報のソースは複数持ち、常にその真偽を検証していくことが求められます。職場での情報は、常に「裏」をとる必要があります。

たとえば、「仕事をちゃんとやってくれない」のは、その人を批判している部下の頼み方が悪い可能性もあります。人は、なんでも自分の都合の良いように話すものです。

にもかかわらず、第三者から聞いた噂を元に、やり玉にあがった部下をいきなり叱ったりすれば、身に覚えのないことで突然叱られた部下を深く傷つけ、信頼関係を失う結果になることもあります。

また、「マネジャーは、早とちりが多くないですか？」と返り討ちにあう可能性もあるでしょう。

3 人が同じことを言えば、真実に近い

　こうした失態を防ぐために、私たちマネジャーが心がけなければならないことは、第2章でも述べましたが、**「トライアンギュレーション：Triangulation（三角測量）」**をすることです。つまり、多角的な情報収集が重要なのです。

　たとえば、Aさんについて何か良くない噂を聞いたら、他の人にも話を聞いてみるのです。

「最近、Aさんってどう？」「名前は言わないけど、ある人がAさんに関して、こんな状況で困っていると言っていたんだけど、どう思う？」などと聞くわけです。

　すると、「ああ、最近ミスが多いですね」「お母さんの具合が悪いみたいですね」などと、さまざまな情報が入ってきます。その中で、だいたい3人くらいが同じことを言えば、それは限りなく真実に近いと考えられます。

　反対に、皆がバラバラのことを言っていれば、それは、誰かが思い込みなどで間違ったことを言っている可能性が大きい。こういうときは、少し様子を見た方が無難です。

　このように、正しくSBI情報を収集していれば、部下の情報を入手できるだけでなく、部下の軌道をその都度ちょこちょこ修正できますから、それだけで部下は成長しやすくなります。問題も小さなうちに対処できるので、自分の部署で深刻な問題が発生することも少なくなるはずです。もしかしたら、厳しいフィードバックなど必要なくなるかもしれません。

まとめ

- 部下から聞いた噂は、真実とは限らない
- 噂を元にフィードバックをすると、信頼関係が失われることも
- 噂は、必ず別の人に話を聞いて、その真偽を確かめる
- 皆の言っていることがバラバラなら、様子を見る

フィードバック前には「脳内予行演習」

> ▶ フィードバックも「イメトレ」が大事

部下の問題点をどのようなロジックで伝えるか。部下の反論に対してどう答えるか。フィードバックの本番前に、「脳内予行演習」をしておけば、しどろもどろになったり、想定外の反論を受けて、頭が真っ白になったりすることを防げます。

紙 1枚にまとめておけば、体系立てて話せる

プレゼンテーションでもスポーツでも、事前に「イメージトレーニング」が重要だと言われますが、それはフィードバックでも同じです。フィードバックの直前には、必ず、**「脳内予行演習」**を行いましょう。

具体的には、部下の問題点をどのようなロジックで伝えるか、作戦を立てていきます。「1on1」などで集めた情報を元に、どのようなことを話すかを考え、A4サイズの紙1枚に簡単にまとめておけば、頭が整理され、体系立てて話すことができます。

部 下の反論を想定しておけば、あわてない

脳内予行演習をするときには、フィードバック後の部下の反論を複数想定し、それに対してどう答えるかも、考えておくと良いでしょう。

繰り返しになりますが、フィードバックを黙って受け入れる部下は、ほとんどいません。たいがいは、言い訳や反論をしてくるはずです。そうした反応を可能な限り想定しておき、どう返すかを考えておくわけです。

フィードバックで最も多いケースは、「顧客が悪い」「メンバーが悪い」

などと環境や周囲のせいにすることです。それに対して、「環境や周囲の
せいもあるかもしれないけど、あなた個人の行動にも問題があったので
は？」「このような悪い環境の中で結果を出すには、個人としてどう振る
舞うのがいいんだろうね？」というように返せば、部下に反省を促せるで
しょう。

　第3章で取り上げたフィードバック時のGOOD・BADなフレーズや、
第4章のタイプ別対処法なども参考にして、作戦を立ててみてください。

パ ワハラの落とし穴に落ちないために

　部下の反論を想定しておくことが必要なのは、上司であるあなたがカッ
となって、暴言を吐かないためでもあります。フィードバックは、密室で
1対1で行うので、平常心を保つのが難しく、つい自分の素が出るもので
す。普段からカッとなりやすい人は、フィードバックではさらにカッとな
りやすくなります。部下に変な言い訳ばかりされると、頭に血が上り、キ
レてしまうこともあるかもしれません。

　しかし、そうなってしまうと部下の思うツボです。最近は、面談の内容
をスマートフォンやICレコーダーなどで録音する部下もいます。それを
証拠に、「パワハラ」だと人事に駆け込まれれば、あなたが降格などの目
にあう可能性もあるのです。そうならないためにも、脳内予行演習をして
おきましょう。

　次のページに**「フィードバック作戦会議シート」**として、面談前に押さ
えておいた方が良い内容をまとめています。コピーして使えるようにして
いますので、ぜひこちらもご活用ください。

まとめ

- ・フィードバック前には、どんなロジックで話すか、作戦を立てておく
- ・簡単に内容をまとめておくと、頭が整理される
- ・部下のあらゆる反論を想定し、どう返すかを考えておく
- ・パワハラも「脳内予行演習」で防げる

フィードバック作戦会議シート

部下名

目　的

どういう状態を　→　**どういう状態に変えたい**

SBI ❶

S ……

B ……

I ……

SBI ❷

S ……

B ……

I ……

その問題行動の共通点は?

なぜその行動を改善する必要があるのか?

フィードバック後

ケース❶

● 部下はどうなると思うか

● あなたはどう対処するか

ケース❷

● 部下はどうなると思うか

● あなたはどう対処するか

振り返りのチェックポイント

● 部下に今後の方針を決めさせたか?……What?/So what?/Now what?

● 再発防止策は立てたか?

● 期待を伝えたか?

第5章 フィードバックを続けるための事前準備&テクニック

「模擬フィードバック演習」で自分自身を客観視する

> ▶ 自分のフィードバックを見ることが上達への近道

部下に刺さるフィードバックができるようになるためには、あなた自身も、伝える技術を磨くことが必要です。そのためにおすすめなのが、「模擬フィードバック演習」です。あなたのフィードバックを自分自身と第三者で客観的に見ることです。

自分のフィードバックをビデオ撮影

フィードバックは、1対1の閉ざされた空間で行いますから、その様子を客観的に見てくれる人はいません。ということは、あなたがどれだけ下手なフィードバックをしていても、冷静に指摘してくれる人はいないというわけです。

プレゼンテーションでも営業でもそうですが、伝え方の腕を磨くためには、誰かに見てもらって指摘してもらうことが欠かせません。

そこでおすすめしたいのが、**「模擬フィードバック演習」**をすることです。

私が企業のフィードバック研修をお手伝いするときには、この「模擬フィードバック演習」を必ず実施しています。

メンバーは、上司でも同期でもかまいません。最低でも、自分ともう一人いればOKです。

具体的には、上司役と部下役に分かれて、仮のフィードバックをします。設定は、実際にありそうな話が良いでしょう。

そのとき、部下役の人は、わざと怒ったり、言い訳をしたりして、なるべく上司役を困らせてください。その様子をビデオカメラやタブレット端

末などで撮影して、後で見直せばさらに効果的です。

勇 気を持って見れば、改善点に気づける

その後、勇気を振り絞って、その動画を見ましょう。すると、上司役の人は、「なんかものすごく高圧的だな」とか、「早口で何を言っているのかわからない」とか、「目がキョロキョロしているし、手もせわしなく動いている……。俺って、こんなに挙動不審なのか」と今まで気づかなかった自分の姿に気づくはずです。シミュレーションでもそうなのですから、本番はもっとひどいと考えた方が良いでしょう。

さらに、フィードバックを受けた方にアドバイスを求めれば、自分でも気づかなかったことを指摘してくれるはずです。それを踏まえて、自分の短所を改善していけば、部下の前でも堂々とフィードバックができるようになるでしょう。フィードバックが最初からうまくできる管理職はいません。最初は皆フィードバックのノービス（初心者）なのです。

フィードバックは、管理職になってはじめてすることなので、ビギナーのときに模擬フィードバックをすると、皆、口を揃えて「やって良かった」と言います。

次のページに、研修などでよく使う模擬フィードバックのシナリオを用意しました。ぜひ、同僚のマネジャーの方々とこのシナリオを使って「模擬フィードバック演習」を行ってみてください。

> **まとめ**
> ・伝える技術を磨くには、自分のフィードバックを客観的に見たり、第三者に見てもらったりすることが不可欠
> ・模擬フィードバックを行い、その様子を見ることで、改善点に気づける

模擬フィードバック演習の進め方

① 2人1組で【上司役】と【部下役】に分かれる
② お互いに用意されたシナリオを5分間でそれぞれ読む
　（このとき、相手のシナリオは見ないこと！）
③ 読んだ後、上司役も部下役も3分間で言う内容や順番を整理する
④ 準備ができたら、7分間のフィードバックを行い、その様子を撮影する
⑤ フィードバックを終えたら、撮影した動画を見ながら、5分間で感想を言い合う

上司用シナリオ

　あなたの名前は加藤（48歳・男性）です。営業を担当する課の課長を務めていて、ここ最近は今年から**自分の部下になった松下さんのことで頭を悩ませています**。松下さんは、数カ月前まで近くの部署で部長職を務めていましたが、役職定年の制度にかかり部長職を離れ、今は社内で若手への営業指導を行っています。加藤さんが今悩んでいるのは、**松下さんの若手への指導態度**です。具体的には、下記のような問題が発生しています。

1. 若手から、松下さんの口調がハラスメントに近いという意見が出ています。
- ・5月8日　若手のAさんが「松下さんにハラスメントに近い指導をされた」と言ってきました。Aさんの言い分をまったく聞かず、営業のやり方がまずいと、1時間にわたり一方的に叱責されたそうです。
- ・5月21日　若手のBさんから「松下さんを教育役から外してほしい」と加藤さんに直訴がありました。その理由は「松下さんの指導の仕方が一方的で納得できないから」ということでした。

2. 松下さんは課の方針への批判を、若手メンバーに吹聴しているそうです。
- ・加藤さんは、Webやソーシャルメディアを活用し、見込み客を絞り込んだうえで効率的に営業を行う「ハイブリッド営業」を課の方針としていますが、松下さんは若手に対し、「今のやり方だと、個人が足で情報を取らなくなっていく」と不満を口にしているそうです。

3. 松下さんは「若手の扱い方」に不慣れで、そのことを隠しているように見えます。
- ・「営業マンは先輩の背中を見て育つんだ」が口癖です。
- ・一方、若手は丁寧な指導を望んでいるように見えます。
- ・また、若手は松下さんとの日々のやり取りにメールやソーシャルメディアを用いたいようですが、松下さんはIT機器関係が苦手です。

　このままの状態が続けば、**将来的には松下さんの定年後の再雇用に悪影響を与える可能性もあります**。以上の情報を元に、現状を立て直す方法を松下さんと一緒に考えてください（※ここにない情報は、アドリブで適宜補ってください）。

部下用シナリオ

　あなたの名前は松下（58歳・男性）です。**ほんの数カ月前まで、営業の部長職を長く務めていましたが、最近導入された役職定年の制度にかかり、部長職を離れました。**今は、「若手に対する営業指導を行う教育役」を務めています。先日、上司にあたる加藤課長から、「今度、2人で話したいことがあるので、時間をもらえませんか？」とメールがありました。厳しい話かなと予測はついていますが、**10歳下の加藤さんが何を言ってきても、のらりくらりやりすごす気でいます。**最近、松下さんの周囲で起こった出来事は下記の通りです。

1．若手の仕事に対する姿勢に強い違和感を覚えている。

- ・5月8日　若手のAさんの営業成績があまりにあがらないので、小1時間にわたって叱責しました。強い言葉も使ってしまいましたが、本心では強く叱責することでAさんが発奮してくれることを願っています。ただ、Aさんは指導内容を理解はしているようですが、言い方のせいか、「腹落ち」はしていないようです。また、周囲には「ハラスメントだ」と吹聴しているようです。
- ・その後、Aさんへの指導を横で見ていた若手のBさんが、一度松下さんに強圧的な態度をやめるように言ってきました。まずかったかなとは思いましたが、メンバーの言うことに耳を傾けていては部門は動かないと思い、無視しました。

2．課の方針である「ハイブリッド営業」に個人として批判的である。

- ・現在の課はWebやソーシャルメディアを用いて見込み客を絞り込み、効率的に営業する「ハイブリッド営業」を方針としています。松下さんは「営業はあくまで個人の努力。足で稼ぐものだ」と思っているので、このやり方には批判的です。
- ・ついつい、飲み会の席で一度だけ若手に「ハイブリッド営業」に対して批判的な物言いをしてしまったことがあります。ただ、松下さんも元管理職ですので、加藤さんの苦労を頭ではわかっていて、協力してあげなければとも考えています。

3．実は、仕事をするうえで密かな負い目がある。

- ・松下さんは部長時代が長かったため「現場感」がなく、特に「最近の若手と接する機会がなかったため、どう接して良いかわからない」と感じています。また、WebやSNSなどの「最新の知識」についていけないこともあります。
- ・こうした負い目に関しては、格好悪いのでひた隠しにしています。

　加藤さんとは**少し腹を割って話したいとも思っていますが、プライドも邪魔します。**何か言ってきたら少し強い口調で反論してしまいそうだな、と思っています。

演習のポイント

- ● 腕組みせず、相手の目を見て、顔を下に向けない訓練をしよう
- ● 演習はSBI情報が明確で、落としどころもきちんとある→実際よりは簡単

第5章　フィードバックを続けるための事前準備＆テクニック

「アシミレーション」で、フィードバックの痛みを知る

> ▶ フィードバックを受けないと、良いフィードバックはできない

耳の痛いフィードバックを受けたことがない人は、受けた人の心理がわからないので、良いフィードバックはできません。勇気の要ることですが、自分もフィードバックを受ける機会を持ちましょう。

あ なたはフィードバックを受け慣れているか?

フィードバックの力を磨くために、何よりも大切なことがあります。それは**「自分自身もフィードバックされる機会を持つ」**ことです。

今の30～40代に意外と多いのが、耳の痛いフィードバックをあまり受けずに、中間管理職クラスまで出世した人です。順調に出世してきたことは喜ばしいことかもしれませんが、「部下にフィードバックする」という観点から見ると、課題があると思われます。

なぜかというと、フィードバックを受けたことが少ない人は、フィードバックを受ける人の気持ちがわからないからです。

フィードバックされるときに、どんな言葉をかけられると納得できるか。どんなふうに言われるとカチンとくるのか。地雷となるキーワードは何か。フォローの言葉はかけられたいか……。

こうしたことは、自ら何度もフィードバックを受けていれば、ことさら意識しなくてもわかるものです。しかし、その経験が少ないと、その勘所がわからず、相手の気持ちを逆なでするようなことを言ってしまいがちです。

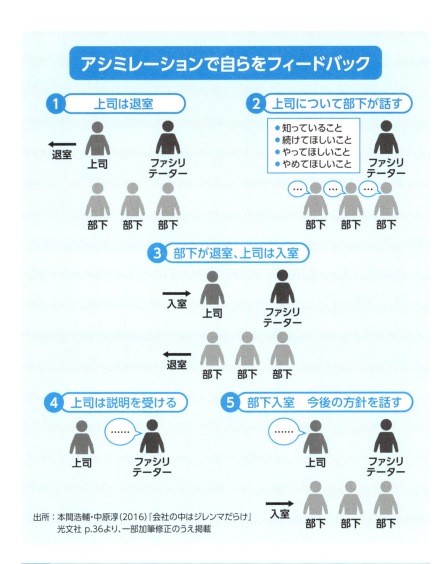

出所：本間浩輔・中原淳（2016）『会社の中はジレンマだらけ』
光文社 p.36より、一部加筆修正のうえ掲載

部下から自分の印象を聞き、ショックを受けよう

　すでに部下がいる人なら、自分の部署で**「アシミレーション」**を行うのも一つの手です。アシミレーションとは、職場ぐるみで管理職に対するフィードバックを行うミーティング手法です。

　まずは、自分と部下全員、それにその場の進行役を務めるファシリテー

ターを集めます。ファシリテーターは、利害関係がなく、マネジャーと同格以上の役職にある、他部署のマネジャーに協力してもらうのが良いでしょう。部下から厳しいフィードバックを受けたとき、マネジャーの気持ちを理解できる人がファシリテーターを務めた方が、精神的なフォローをしやすいからです。

　具体的には185ページの図のような順序で進めます。「これは厳しいフィードバックを受けることになるだろうな……」ということが、十分予想できるでしょう。実際にやってみると、思いもよらないことを指摘され、ショックを受けると思いますが、それだけやってみる価値のある方法です。

> **まとめ**
>
> ・耳の痛いフィードバックを受け慣れていないと、フィードバックを受ける心理がわからない
> ・フィードバックを受ける機会を持とう
> ・「アシミレーション」をすれば、部下から手厳しいフィードバックが受けられる

コラム

助言をもらえるマネジャーは業績も良い!?

　2012年、東京大学中原研究室と公益財団法人日本生産性本部（Japan Productivity Center）が共同で行った現役マネジャーを対象とした調査（マネジメント・ディスカバリー研究「マネジメントへの移行と熟達に関する共同調査」）によると、「仕事の助言やコメントをもらえるマネジャー」は、「助言やコメントをもらえない孤独なマネジャー」に比べて、職場業績が高いという結果が出ています（『駆け出しマネジャーの成長論』197ページ参照）。

　助言やコメントをもらう相手で最も多かったのは、「会社の上司から」（49.6％）という回答ですが、「会社の他のマネジャー」（30.2％）、「会社外の知り合い・友人」（10.4％）という回答も一定数ありました。誰から助言をもらうのが良いかについては、ケースバイケースなので一概には言えませんが、助言・指導をもらえる環境を整えておくことも、自らが良きマネジャー、良きフィードバックをするために必要だと言えるでしょう。

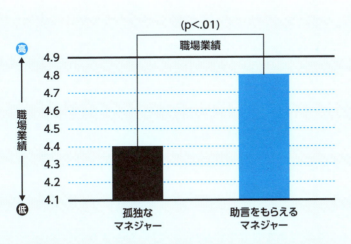

※縦軸は全社における職場業績の主観的評定値です。値は1から7の間をとります。助言・コメントをもらえるマネジャーは517名中278名（54％）、孤独なマネジャーは239名（46％）となります。一元配置分散分析の結果、助言・コメントをもらえるマネジャーと孤独なマネジャーの間には、職場業績において統計的に有意な差があります（p<.01）

フィードバックする人数は 5〜7人まで

> ▶ 10人以上抱えると、上司が壊れる

耳の痛いフィードバックはマネジャーの心身に大きな負担をかけます。自分が壊れないためにも、負担を軽減する方法を講じましょう。

フ フィードバックはストレスがつきもの

耳の痛いフィードバックは、密室の中で厳しい会話をするので、マネジャーの精神もすり減らします。フィードバックの一人作戦会議をしているだけでも、すでに鬱屈とした気分になるものです。

あるマネジャーは「1on1やフィードバックには、しっかりと体調を整えて臨みます。睡眠不足だと、必ずボロが出てしまうし、何よりどっと疲れる」と言っていましたが、私も同感です。フィードバックを成功させるためにも、自らの体調管理のためにも、万全の体調で臨むようにしましょう。

ス パン・オブ・コントロールの教え

心的ストレスを軽くするためには、耳の痛いフィードバックを行う回数を減らすことも重要です。

マネジャーになりたての人にはなかなか難しいことですが、できれば「1on1」を担当する部下の数を減らすことができないか検討してみてください。たとえば、自分の片腕となるようなサブマネジャークラスに、一部の1on1やフィードバックを任せることができれば、マネジャーの負担が軽減されます。

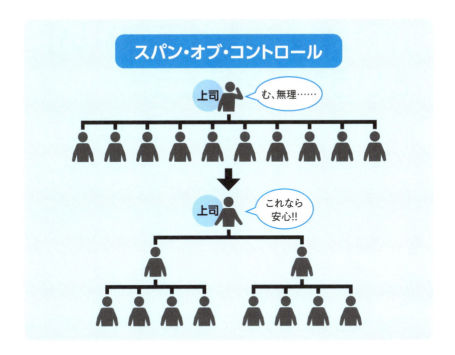

　「**スパン・オブ・コントロール：Span of Control（1人の管理職が管理できる部下の人数）**」という研究があるのですが、それによると、1人の上司が抱えられる部下の人数は、5〜7人だと言われています。

　最近は組織のフラット化が進んだことで、1人のマネジャーが抱える部下の人数が増加傾向にあります。あなたの部下の人数が5〜7人を超えているようなら、1on1の分担を検討した方が良いでしょう。

> **まとめ**
> ・耳の痛いフィードバックはマネジャーの心身をむしばむ
> ・フィードバックには万全の体調で臨もう
> ・サブマネジャーと分担し、1on1の回数を減らす手もある

「嫌われるのも仕方がない」という覚悟を持とう

> ▶ 耳の痛いことを言って嫌われるのは、管理職の役割だ

耳の痛いことを言って、部下に嫌われたくない……。平社員時代に人気があった人や気の弱い人は、そう思うことが少なくないようですが、逃げ回っていたら、あなたがマネジャー失格と言われてしまいます。

厳しく指摘できるのはあなたしかいない

どんなに準備をして、気を遣ってフィードバックをしても、部下から嫌われたり憎まれたりすることはあります。マネジャーの昇進前に、周囲から好かれていた人ほど、ショックを受けるかもしれません。

それにフィードバックの成果はなかなか出ませんから、「本当にこんなことを言って良かったのか？」「ちょっと言いすぎたのでは？」と自己嫌悪に陥ることもあるでしょう。

しかし、誰かが言わなければ、部下は成長しませんし、あなたの部署の業績も上がりません。支援できるのは、マネジャーであるあなたしかいないのです。

「鉄は熱いうちに打て」と言われるように、指摘する時期が遅れるほど、変わることは難しくなります。手遅れになってからではもう遅いのです。あなたの社内での評判にも響くことでしょう。

パワハラは論外ですが、**耳の痛いことを言って嫌われるのは、管理職の役割の一つだと考えましょう**。たとえ嫌われても、あなたのフィードバックによって成長できたとしたら、将来、部下から感謝される日が来るはずです。

マネジャーは「嫌われて、感謝される」

厳しいことを言えるのは
私だけ……
管理職という役割を
演じているだけ……

フー

落ち着かせている

上司

管理職は演技であると考える

フィードバックが苦手な人は、**「管理職という役割を演じている」と考えるのもおすすめ**です。

「自分は、職場を良くするために、管理職という役割を演技しているだけで、本心から言っているわけではない」「フィードバックではなく、成長支援をしている」などととらえるのです。

たかがとらえ方の違いと思うかもしれませんが、それだけでも、精神的には少し楽になるものです。そうすれば、多少辛らつなことを言うのも仕方がないし、嫌われるのも当たり前と思えてくるでしょう。

まとめ

・耳の痛いフィードバックをして嫌われるのは仕方ない
・嫌われることもマネジャーの仕事のうちと考える

管理職同士で「解毒」する場を持とう

> ▶ マネジャーだって、ため込まずに吐き出す場は必要だ

耳の痛いフィードバックをしていると、孤独感を覚えたり、もやもやがたまったりすることもあるかもしれません。それを「解毒」するためには、マネジャー同士が集まって、フィードバックの情報交換をするのも手です。

管理職同士で心情を吐露する

「フィードバックで嫌われるのは仕方ない」という理屈はわかるけど、どうしても割り切れない……。中には、そんな人もいるかもしれません。

　そうした人におすすめしたいのは、**「解毒会議」** です。同じレベルの管理職で集まって、最近どんなフィードバックをしたのか、情報交換をすることです。

「A君にキレられた」「Bさんに泣かれた」……。マネジャーなら、皆こうした話を持っているはずです。個人情報やプライベートな話題の共有は慎重になる必要がありますが、情報漏洩を行わない旨の約束を相互に交わし、自分の経験を、差し支えない範囲でイニシャルなどを用いてお互いに吐き出せば、一種の「解毒」につながります。

　また、こうした情報交換は、「面の育成」にもつながります。面の育成とは、管理職全体で協力し合って部下を育てるということです。フィードバックの情報を共有すれば、皆で対策を練ることができます。

ポジティブな情報も共有しよう

「解毒会議」では、ネガティブな話がクローズアップされがちですが、

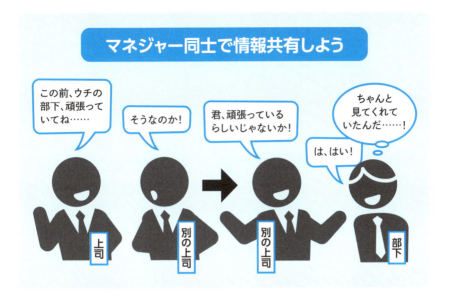

「部下の誰々が良かった」というポジティブな話も共有できればベストです。そこで得た情報をうまく活用すると、部下のモチベーションを大きく高められます。

たとえば、自分の部下のＣ君が頑張っているという話をしたとします。それを聞いた他のマネジャーが、Ｃ君と何かで一緒になったとき、「Ｃ君、頑張っているみたいだね」「君の上長が言っていたよ」などと声をかけると、Ｃ君のモチベーションは大いに高まるでしょう。**上長に直接言われるより他の人に言われた方が、白々しい感じがないので、何倍も嬉しい**のです。こうした意味でも、管理職同士の解毒会議はおすすめです。

> **まとめ**
> ・管理職同士で集まって、フィードバックの情報交換をする
> ・辛かった経験も吐露することで、スッキリするし、アドバイスももらえる
> ・ポジティブな情報も共有すれば、部下を間接的にほめられる

フィードバックの「期限」も知っておこう

> ▶ 「外科的手術」しかないときもある

残念ながら、フィードバックをしても、「変わろうとしない」部下は、必ず存在します。そうした部下に時間をとられないためには、「期限」を決めることが大切です。

相手は「大の大人」として、変わらないことを「選択」している

ここまでフィードバックの話をしてきましたが、最後に一つ、ビジネススキルの書籍らしからぬ、現実的なことを言わせてください。

それは、あなたが、どんなに部下の成長を願い、心を込めてフィードバックをしても、「変わらない部下」はいるということです。

ただし、それはあなたに原因があるというより、**相手は「大の大人」として、意志を持って「変わらないこと」を「選択」していると考えた方が良い**でしょう。そうした人にたくさんの時間を費やしていては、はっきり言って、時間の無駄と言うこともあるでしょう。

そうした相手に時間を消費しないためには、**フィードバックによって相手が立て直すまでの「期限」を決めましょう**。期限で言えば、半年や1年。フィードバック回数で言えば、上限は3〜5回くらいでしょうか。それまでは、相手の成長を信じ、フィードバックをしましょう。

そのときのポイントは、部下にも、「変わるまでの猶予や期限があること」を伝えることです。それでも変えようとしないのならば、それは、**部下が意識的に「変えない」ことを選んだということ**です。

そうなれば、もはや配置転換や降格といった**「外科的手術」**しか方法は

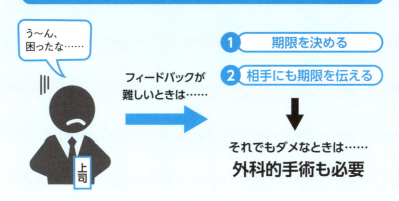

ありません。

　ただし、そうはいっても、安易に「外科的手術」に走ってはいけません。それはあくまで最終手段。まずは**部下の成長を期待し、信じることが、マネジャーの大切な役割**です。

> **まとめ**
> - どんなにフィードバックをしても、変わらない人はいる
> - そうした人に振り回されないためには、フィードバック回数の上限を決める。変わるまでの期限を決めても良い
> - 期限内に変わらなければ、配置転換などをするのが現実的

■若手マネジャーフィードバック③

大手IT企業　人事部・マネジャー
岡本太一さん(仮名・33歳)

3年前から、大手IT企業でマネジャーをしている岡本さん。自分よりも経験やスキルを持つ年上の部下が多いそうです。そうした人たちに刺さるフィードバックをするために、意識していることとは？

年上部下には「上司ぶらない」

——最初に、これまでのご経歴からお伺いできますか。

岡本　大学を卒業したあと、メディア系企業で7年働いてから、4年前に今のIT企業に転職しました。3年前にマネジャーに昇格しました。

　部下は5人います。うち、4人が年上。10歳年上の人もいて、しかも、経験やスキルも僕より高い人ばかり。なかなかシンドイ環境です。

——それはしんどいですね(笑)。年齢も経験も上の部下にフィードバックするのは難しいと思いますが、意識しているポイントはありますか？

岡本　一言で言えば、**「上司ぶらない」**ことを心がけています。

　実は、マネジャーになりたての頃、少し上司ぶってフィードバックしていました。しかし、明らかに部下に響いていませんでした。

　いくら僕が上司だと言っても、経験もスキルも上の人に対して、「君はこういうところがダメだから、改善した方が良いよ」と上から目線で言うのは、やはり難しいこと。それに、僕の経験が足りなくて、その部下の考えや行動が理解できないこともあると思います。そう考えると、上司ぶって良いことは、一つもないんですよね。

――冷静に考えるとそうなのに、つい部下に「勝とう」としてしまうんですよね。

岡本 実は、この時期に、上司から「お前の役目は部下に能力を発揮してもらうこと。部下に勝とうとしなくていいぞ」とアドバイスされました。それを聞いて、ますます「上司ぶらなくていい」と確信しましたね。

「僕の方が経験もスキルもないのですが」と素直に認める

――では、年上の部下には、どのようにフィードバックを？

岡本 まず、問題があると感じた行動があったら、なぜそのような行動をとったのか、話を聞きます。理解できなかったら、「すみません、僕、ど素人でわからないので、教えてもらっても良いですか？」と一から聞いてしまいますね。

　そのうえで、「僕の方が経験もスキルもないとわかっているんですけど、僕から見ると、もっとこうすると良いんじゃないかと思いましたが、どうですかね？」とフィードバックします。**自分の至らなさを認めたうえで、改善策を提案するのです。**

――すると、どうでしたか？

岡本 上司ぶっていたときと比べると、耳を傾けてもらえるようになったと感じます。

　また、**フィードバックをする前には、必ず、「何のために伝えるか」を強く意識するようにしています**。「自分の感情で言いたいだけではないか？」「勝とうとしているだけではないか？」と自問自答するのです。それも、聞き入れてもらえるようになったポイントかもしれません。

本人が望んでいる姿を知らなければ、フィードバックは刺さらない

——その他に、年上部下にフィードバックするときに気をつけていることはありますか？

岡本 これは、年上に限った話ではありませんが、**「本人がどのようなビジネスパーソンを目指しているか」**を把握するようにしています。

というのは、いくら巧みにフィードバックをしても、そう改善することを本人が望んでいなければ、まったく刺さらないと思うんですね。

たとえば、「縁の下の力持ちとして、皆を支えていきたい」と考えている人に対して、「もっと前に出てリーダーシップを発揮してほしい」とフィードバックしても、「自分はそうなりたいと思っていないからなぁ……」と感じ、聞き入れてもらえないでしょう。

僕自身、自分がなりたい方向と異なるフィードバックをされると、「俺はそうなりたいわけじゃないからなぁ」と思いますからね。

——逆に、本人が望んでいる姿を把握したうえで、フィードバックをすれば、年上の部下だとしても、聞いてくれる、と。

岡本 そう思います。今の業務を担当する前ですが、僕より6歳ほど年上のAさんにフィードバックをしました。Aさんは、自分本位に物事が進まないと感情的になることがあり、周囲から「一緒に仕事がやりづらいことがある」という声があがっていました。ただ、それはAさんも気づいていて、自ら「改善したい」と話していたのです。

そこで、Aさんに「先日の会議で対立案が出たときにムッとしていましたよね？ それは目指している姿と違うのではないですか？」と率直に伝えると、「その通りですね」と聞き入れてくれました。Aさんの受容力の高さもあると思うのですが、本人が望んでいる姿になれるようなフィードバックをしたからこそ、聞き入れてもらえたと思います。

——本人がどのようになりたいかは、面談などで聞いているのですか？

岡本　はい。うちの部署では、定期的に個人面談を行っていて、毎回ではありませんが、その場で、今後やりたいことや目指していることなどの話を聞いています。一般的には年1～2回の面談で聞くことが多いかと思いますが、こまめに話を聞いていた方が、本人の考えが深く理解できる、と感じますね。

日頃、ほめすぎていると、フィードバックしにくくなる

——フィードバックをしてきて、うまくいかなかったことはありますか？

岡本　もちろん、あります。たとえば、管理職になったばかりの頃の部下のBさん。この人は僕より年下で、今担当している仕事はしっかりこなせていて、本人も自信を持っているのですが、他の部署でも活躍できる人材になれているかというと、そうでもなかったのです。そこで「会社のお金で受けられる研修を受けて、新しい知識をつけた方がいい」とか「新しい仕事にも挑戦すべきだ」とアドバイスしていたのですが、「座学なんて無駄です。そんな時間があったら、仕事をした方が学びがあります」「今の仕事をしていても成長できます」とまったく聞いてもらえませんでした。

——中途半端にできる部下がチャレンジをしなくなる……。よくあるパターンですね。

岡本　それで、「いやいや、今の君は、成長止まっているように見えるよ」と言ったら、反発されてしまい、Bさんは、心を閉ざしてしまいました。
　ただ、これは、僕の普段の姿勢にも原因があると思っています。Bさんをほめすぎてしまったのです。

——どういうことですか？

岡本　Bさんは、今担当している仕事に関しては、質もスピードも申し分ないんですよ。だから、頼んだ仕事があがってくるたびに、「お、速いな！」「今回もバッチリだね」とよくほめていたのです。だから、Bさんは僕に高く評価されていると思っていたんでしょうね。

　ところが、ある日、その僕に、「成長が止まっている」と言われたので、「え、いつもめっちゃほめてたじゃん」と感じてしまった。手のひらを返されたような気分になり、不信感を抱いてしまったのでしょう。

——**そこは難しいところですね。ほめないわけにもいかないし。**

岡本　今では、「何のためにほめるのか」「何についてほめるのか」を考えるようにしていますが……。そもそも、ほめるのは苦手です。

——**そういうマネジャーは多いですね。**

岡本　ほめることで言えば、年上の部下に対しても、考えて伝えるようにしています。「先ほどのプレゼン、良かったですね」「この書類、完成度が高いですね」と部下の仕事を評価することはありがちですが、経験も年齢も上の部下に言うと、「こいつ、上から目線で偉そうだな」「自分より経験が少ないくせに評価するな」と思われる可能性もあります。

——**どのように言い換えているのですか？**

岡本　**事実をそのまま述べるようにしています**。あるいは、書類などの出来が良ければ、「ありがとうございました。助かりました」と感謝の気持ちを述べるようにしています。これなら否定のしようがないので、素直に受け取ってもらえると思うのです。

なぜ個人面談で雑談をするのか

——フィードバックは「観察」することが大切と言われますが、岡本さんの会社はフリーアドレスだったり、リモートでも仕事ができますよね。観察するのが難しいのでは？

岡本　たしかに、部下の仕事の様子を観察できる機会はほとんどありません。部署のメンバー間で交わすメールのやり取りを見るだけでは、わかることが限られます。なので、定期的な個人面談は必須ですね。

——個人面談のときに、今の仕事の状況を細かく聞く、と。

岡本　でも、根掘り葉掘り聞くのは、それが必要だと感じた部下だけです。個人面談の場では、「雑談」をしていることもあります。仕事と関係ない話をしていることもありますよ。実は意図的にやっています。

——なぜあえて雑談をするのですか？

岡本　一つは、その人の今の精神状態を知るため。雑談をすれば、わかることもありますからね。もう一つは、お互いの理解を深めるためです。

　いくらエビデンスやファクトがあっても、「こいつには言われたくない」と思われたら、フィードバックは聞いてもらえないと思うのです。

　では、どうすれば「こいつになら言われても良いか」と思ってもらえるか。実は人間的な結びつきが重要だと思うのですね。

——そのためには、互いの人となりがわかるような雑談を重ね、お互いの理解を深めることが大事なのではないかと。

岡本　はい。さらに「僕、こんなことが苦手なんですよね」「今、こんなことに悩んでいるんですよ」と**自分の弱みを開示することも、互いの心理的な距離を近づけるうえでは大切だと思っています。**

201

そうした、普段からの相互理解があるかないか。それによって、フィードバックの成功率は大きく違ってくると考えています。ＩＴの普及で直接顔を合わせることが少なくなった今は、なおさら意識すべきポイントではないでしょうか。

——本日はありがとうございました。

解説

　岡本さんは、IT企業で4人の年上部下をひきいるマネジャーです。自分よりも経験も年齢も上の人を4人も抱える、というのは骨が折れることだと思いますが、岡本さんは、それに成功されています。

　岡本さんの事例の中で最も印象的だったのは「上司は、ともすれば、部下に勝とうとする」という一言でした。ここで「部下に勝つ」というのは、おそらく「自分よりも経験も年齢も上の部下」の「優位」に立って、ポジションパワーを用いながらマネジメントをしていくことと解釈します。この兆候に悩んでいる方は、年下上司の中には、かなりの数がいるのではないかと推測します。自分が経験や年齢では「下」であるために、よすがになるのは「ポジションパワー」しかなくなるからです。

　フィードバックでは、一般に「耳の痛いこと」を部下に通知します。しかし、それは「部下をねじ伏せるため」でもなければ、「部下に勝つ」ための武器でもありません。あくまで「部下が仕事のうえで成長してもらうためにあえて、現在の部下の状況を通知する」のです。

　岡本さんの上司の方が、岡本さんに投げかけたという言葉「お前の役目は部下に能力を発揮してもらうこと。部下に勝とうとしなくていいぞ」という一言は、まさに慧眼です。マネジャーの「役割」とは「部下に勝つこと」ではなく「部下を成長させること」なのですから。

〈著者略歴〉

中原 淳（なかはら・じゅん）

立教大学 経営学部 教授（人材開発・組織開発）。立教大学経営学部ビジネスリーダーシッププログラム（BLP）主査、立教大学経営学部リーダーシップ研究所 副所長。
1975年、北海道旭川市生まれ。東京大学教育学部卒業、大阪大学大学院 人間科学研究科、メディア教育開発センター（現・放送大学）、米国・マサチューセッツ工科大学客員研究員、東京大学講師・准教授等をへて、2018年より現職。「大人の学びを科学する」をテーマに、企業・組織における人材開発、組織開発について研究している。
著書に、『職場学習論』『経営学習論』（ともに東京大学出版会）、『組織開発の探究』（中村和彦氏との共著、ダイヤモンド社）、『残業学』（パーソル総合研究所との共著、光文社新書）など多数。

Blog:NAKAHARA-LAB.NET（http://www.nakahara-lab.net/）
Twitter ID : nakaharajun

編集協力：杉山直隆（オフィス解体新書）
装丁デザイン：krran（西垂水敦・坂川朱音）
図版作成：桜井勝志
イラストレーション：岡田丈

はじめてのリーダーのための
実践！ フィードバック
耳の痛いことを伝えて部下と職場を立て直す「全技術」

2017年11月1日　第1版第1刷発行
2019年9月25日　第1版第5刷発行

著　者	中　原　　　淳	
発行者	後　藤　淳　一	
発行所	株式会社PHP研究所	

東京本部　〒135-8137　江東区豊洲5-6-52

第二制作部ビジネス課 ☎03-3520-9619（編集）

普及部 ☎03-3520-9630（販売）

京都本部　〒601-8411　京都市南区西九条北ノ内町11

PHP INTERFACE　https://www.php.co.jp/

組　版	有限会社エヴリ・シンク	
印刷所	株式会社精興社	
製本所	株式会社大進堂	

© Jun Nakahara 2017 Printed in Japan　　ISBN978-4-569-83682-9
※本書の無断複製（コピー・スキャン・デジタル化等）は著作権法で認められた場合を除き、禁じられています。また、本書を代行業者等に依頼してスキャンやデジタル化することは、いかなる場合でも認められておりません。
※落丁・乱丁本の場合は弊社制作管理部（☎03-3520-9626）へご連絡下さい。送料弊社負担にてお取り替えいたします。

PHPビジネス新書

フィードバック入門

耳の痛いことを伝えて部下と職場を立て直す技術

中原 淳 著

多忙を極める現代のマネジャー。今こそ最強の部下育成法「フィードバック」が必要だ。読めば思い通りに部下が育ち、部署の業績も上がる一冊。

定価 本体八七〇円
（税別）

PHPビジネス新書

活躍する人のセオリー

強みを活かす

急成長会社の社員が、楽しく、にこやかに働いている謎を解き、「21世紀型・人財マネジメント」のモデルケースを提案した書!

曽山哲人 著

定価 本体八七〇円
（税別）

PHPの本

孫社長にたたきこまれた

すごい「数値化」仕事術

三木雄信 著

「数字で語れない者は去れ！」。そんな孫正義社長にたたきこまれた「問題を数値化して解決する技術」をソフトバンク元社長室長が開陳！

定価 本体一、五五〇円（税別）